GENJINブックレット55

えん罪志布志事件
つくられる自白

日本弁護士連合会 編

1 志布志事件とは何か？
毛利甚八（編著）・野平康博（監修）…2

2 対談 志布志事件の問題点とその背景
野平康博
毛利甚八
小池振一郎…………………………10

3 映画『つくられる自白』をめぐって
映画を撮りながら思ったこと　池田博穂……………………34

4 えん罪被害との闘い
志布志事件えん罪被害者の闘い
　　　　　川畑幸夫
　　　　　中山信一
　　　　　毛利甚八（インタビュー・編集）……40
志布志事件をめぐる接見妨害国賠訴訟　末永睦男……………47

5 えん罪防止のために取り組むべき課題
引野口事件から学ぶえん罪防止の課題　横光幸雄……………54
代用監獄の問題点と廃止に向けた提言　青木和子……………59
取調べの問題と可視化に向けた提言　秋田真志………………64
えん罪防止のための裁判所の役割　松下良成…………………68

※このブックレットについて
　このブックレットは、日本弁護士連合会企画・製作のドキュメンタリー映画『つくられる自白―志布志の悲劇―』では、伝えきれなかった志布志事件の背景や、事件の全体像、日本の刑事司法全般にわたる問題点などを補足して解説する目的で作成しています。是非、映画鑑賞とあわせてお読みください（映画については、本書39頁をごらん下さい）。

1 志布志事件とは何か？

編著…毛利甚八（作家）　監修…野平康博（弁護士）

　志布志事件とは2003（平成15）年同年4月に行われた鹿児島県議会選挙の際に、鹿児島県警がでっちあげたとされる選挙違反事件です。

　鹿児島県警と検察は主犯とされた中山信一県議と妻のシゲ子さんが「票の買収など行っていない」と否認しているにもかかわらず、それぞれ395日と273日という常識外れの長期勾留を行いました。

　そして、選挙区だった曽於郡志布志町（当時）の多くの町民が、任意同行で架空の買収事件の自白を迫られたり、「叩き割り」と呼ばれる過酷な取調べによって人格を否定されたり、「踏み字事件」と呼ばれる親族の名前とセリフが書いてある紙を強制的に踏まされたりした上に、中山夫妻以外の11名もの人たちが逮捕・勾留によって数十日から186日にもおよぶ長い間、代用監獄や拘置所で身体を拘束されました。

　この事件には被害者はおらず、統一地方総選挙という「晴れの舞台で」、選挙違反を立件して手柄を上げようとした志布志警察署署長と鹿児島県警捜査二課の警部が暴走した挙句に起こったえん罪事件とも言われています。

　しかし、疑われた人々を痛めつける強引な捜査手法を行ったのは警察だけでなく、警察に追従するかのように証拠もなく起訴を行った検察と、十分な証拠もないままに逮捕令状や勾留令状を認め警察の捜査を後押しした裁判所の責任も大きいと言わざるを得ません。

　志布志事件は、中山信一夫妻と志布志の四浦地区（ようら）の人たち合計13名（後に1人が死亡したため12名になる）が起訴され無罪が確定した「買収会合事件」（次頁相関図参照）の他に、川畑幸夫さんがたたき割り捜査（踏み

警察が描いた『買収会合事件』の相関図

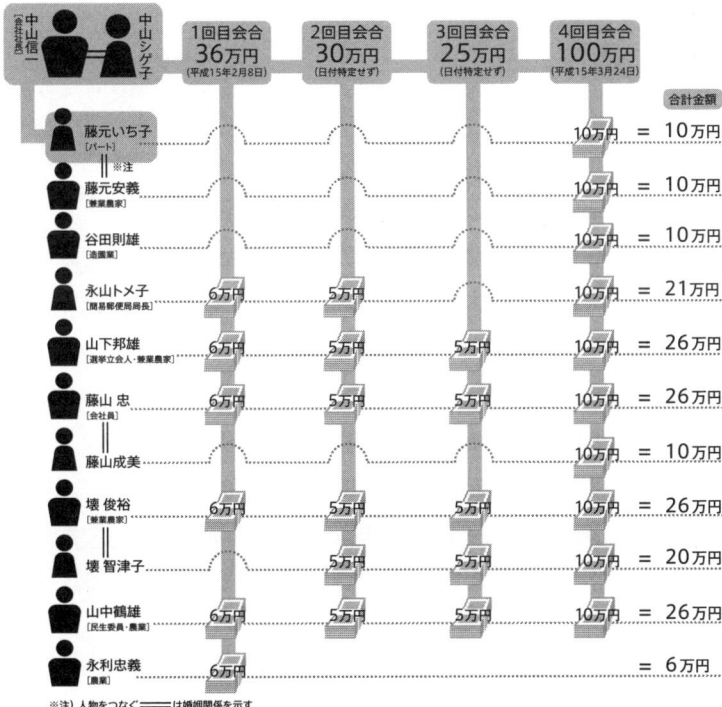

字）の被害者となった「ビール口・焼酎口事件」、近くに住む消防団長など8人が架空の買収事件で取調べを受けたものの立件されなかった「堀金供与事件」などが含まれています。

　この事件は、警察の稚拙で強引な捜査によって、多くの人たちが被害に遭い、地域住民の異議申し立てがあったことも幸いして、警察・検察・裁判所の体質が暴かれ、事件像そのものが破綻した珍しい事件と言えます。しかし、疑われた人の人権を省みない強引な取調べや安易な見込み捜査によって起こるえん罪は全国どこででも起こりうるものです。疑われた人が孤立し、権力に抵抗できないままにえん罪となった事件は無数に隠されているように思われます。

さまざまな違法捜査

任意同行は
自由に帰れるなんて嘘です。
帰ろうとすると
二人の刑事が立ちはだかって、
取調べ室に連れ戻されました

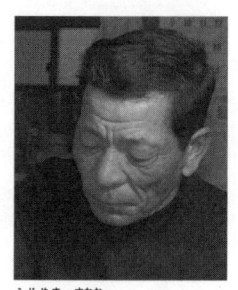
藤山 忠さん

任意同行という名の罠

　刑事訴訟法第196条［捜査の際の注意］には「検察官、検察事務官及び司法警察職員並びに弁護人その他職務上捜査に関係のある者は、被疑者その他の者の名誉を害しないように注意」することとされています。

　また同法第198条［被疑者の出頭要求・取り調べについて］には「検察官、検察事務官及び司法警察職員、犯罪の捜査をするについて必要があるときは、被疑者の出頭を求め、これを取り調べることができる。但し、被疑者は、逮捕又は勾留されている場合を除いては、出頭を拒み、又は出頭後、何時でも退出することができる」とされています。

　志布志事件の場合、上記の刑事訴訟法の精神はまったく無視された形となりました。「任意同行」という名目でありながら、刑事たちは疑われた人たちの自宅に朝早くに押しかけ、警察に連れて行き夜10時頃までという長い取調べを連日行っています。そして警察の思ったような供述をしないとみると「おまえは嘘つきだ」「おまえはバカか」「おまえの家族を逮捕する」と言った暴言を複

数の人に浴びせています。そうした過酷な取調べのために体調を崩して病院で点滴を受けた人ですら、呼び戻して取調べを続けるなど、自白を取るために違法な捜査を繰り返しました。

懐俊裕さんは、任意の取調べの後に滝壺に飛び込んで自殺を図ったほど精神的に追い詰められたのです。

私の前に
タイムカードやカレンダーを並べて、
刑事はやっただろうの一点張りです。
金の入った茶封筒を渡す様子まで
やらされました。
点滴を受けても休みなしで取調べです。
刑事にかなうわけがないですよ

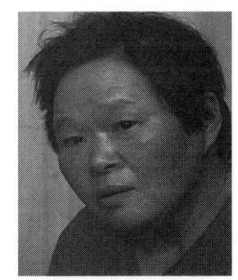

藤元いち子さん

代用監獄と人質司法

志布志事件の中核である「買収会合事件」では、懐という集落で4回の会合が行われ、そこで現金供与が行われたとして中山信一・シゲ子夫妻をはじめとする13名が起訴されました。この事件では、過酷な取調べで自白をした人の供述を証拠として12名の逮捕・勾留が行われました。これらの人々を代用監獄に閉じ込め、家族や弁護士に会わせない接見禁止として、外の世界から隔離したまま、警察は被疑者それぞれの供述を巧みにコントロールし、会合の回数や受け渡された現金の額を揃えていきました。この取調べでも、人格を否定する暴言や同じ姿勢を強いる拷問のような取調べが行われました。こうして宮崎と鹿児島県境の谷間にある小さな集落と、その周囲に住む11人の人たちに繰り返し191万円もの金が配られたという荒唐無稽な買収事件がでっちあげられたのです。

ある人は警察の望む金額を言うまで、警察の用意した数字を何度も選ば

されました。ある人は、現場検証をした警官から指図されながら、会合で座った席や部屋の見取り図を3日がかりで創作させられています。

そして警察の思惑通りの供述をした人は早く釈放され、否認しつづけた永山トメ子さんは186日、中山シゲ子さんは273日、中山信一さんは395日と異常な長さの勾留が続けられたのです。執行猶予がつくことが確実な選挙違反事件としては異様に長い勾留期間であり、事件を否認している人を代用監獄と拘置所にこれほど長く勾留したことは、警察・検察・裁判所による市民生活を破壊する犯罪行為というほかありません。こうして長い勾留によって、自白を強いる捜査手法が「人質司法」と呼ばれているのです。

谷田則雄さん

ありもしない事件で、
私たちが逮捕されたり勾留されたり、
こんな目に
遭わなければならなかったのか。
今でも、なぜだったのか、わかりません

でっちあげによって崩壊した市民生活

中山信一・シゲ子夫妻は焼酎とさつまいものスナック菓子を製造・販売する会社を経営していましたが、経営者である2人が395日と273日もの長い間勾留されたため、経営が危ぶまれた時期さえありました。幸い、破綻を免れたものの、逮捕を理由に自分の預金さえ凍結されて引き出せないという非常事態さえ起こったのです。

山中鶴雄さんは100日を超える勾留生活に疲れ果て、裁判の途中で肺ガンとなり死去しています。永利忠義さんは被疑者とされ被告人となったストレスから体調を崩し、無罪判決が出た翌年の6月に亡くなりました。

被告人とされたことから、それまでの仕事を失い、経済的に回復できないまま暮らしている人もいます。警察で受けた取調べがトラウマとなり、長期勾留で失った時間も取り戻すことはできません。無罪判決が確定しても、違法な捜査から受けた心身の傷は回復していないのです。

くされ刑事ども。
俺を元の体に戻してくれ

故・永利忠義さん

志布志事件の経緯

※敬称略

年月日	出来事
2003.4.13	統一地方選挙投票日。中山信一が県議に当選。
4.14	川畑幸夫・ビール口事件の捜査開始。
4.16	濵田警部補による川畑幸夫に対する踏み字事件発生。
4.20	懐俊裕・福島川の滝壺に飛び込み自殺を図る。
4.30	買収会合事件の捜査開始。
5.13	1回目買収会合で、藤元いち子、懐俊裕、藤山忠、山中鶴雄、永山トメ子、山下邦雄逮捕。
5.18	藤元安義・逮捕。
5.27	藤元いち子・被告人質問より「大変興奮し、服を自分で引き裂き、ぼろぼろになった」。 同・ノートの記録より「刑事さんに毎日怒られています。やっていないといってもとても聞かないです」。
6.3	1回目買収会合で6名（藤元いち子、懐俊裕、藤山忠、山中鶴雄、永山トメ子、山下邦雄）起訴。
6.4	4回目買収会合で、中山信一、中山シゲ子逮捕。
6.25	4回目買収会合で、懐智津子、藤山成美、谷田則雄逮捕。
7.2	藤元いち子・国選弁護人と接見後、検事から接見状況を聴取され、調書化される。

7.3	第1回公判期日・検察官による国選弁護人解任請求の申入により、公判期日の延期。	
7.4	裁判官による国選弁護人からの事情聴取。	
7.11	鹿児島県弁護士会が検察庁・裁判所に抗議文執行。	
7.17	4回目買収会合起訴（12名）。	
8.12	2回目買収会合事件（2月下旬）、3回目買収会合事件（3月中旬）の起訴。	
8.14	藤元いち子・保釈許可。	
8.21	山下邦雄・保釈許可。	
8.27	「住民の人権を考える会」発足。	
9.3	山下邦雄、公判廷の自白を撤回。全員否認となる。	
10.10	永利忠義・1回目買収会合事件で起訴される。	
2004.3.2	中山シゲ子・保釈許可（6回目の保釈申請で、検察官抗告後に高裁で保釈許可）。	
4.9	川畑幸夫・鹿児島県を被告として、踏み字事件について、国家賠償請求訴訟を提訴。	
7.2	中山信一・保釈許可（9回目の保釈申請で、検察官抗告に対し、抗告を棄却して保釈許可）。	
2005.5.24	山中鶴雄・死亡（後に公訴棄却）。	
2006.2.15	同窓会会場と買収会合があったとされる藤元いち子宅までを裁判所が検証。検察官の主張するルートで行う。夜間、雨の日の検証となる。（本書9頁の地図を参照）	
3.31	裁判長退任し、公証人となる。	
5.17	裁判長交代による弁論更新。証拠採用決定の延期。	
7.27	自白調書全部採用（一通だけ不採用）。	
8.3	自白調書について自白の任意性を認めた裁判所に対し、鹿児島県弁護士会会長声明で抗議。	
9.29	論告・求刑。	
10.27	刑事事件関連で取り調べられた原告8名が、鹿児島県を被告として、総額2640万円の損害賠償請求訴訟を鹿児島地裁に提起する（「たたき割り国賠事件」）。	
11.7	最終弁論。	
2007.1.18	踏み字国賠判決。60万円の支払いを命じる。	
1.31	踏み字判決について、鹿児島県は控訴断念を表明。	
2.2	踏み字判決確定。	
2.23	12名全員無罪判決。日弁連会長声明を発表。	
2007.3.9	無罪判決について、検察官の控訴断念。	
2007.3.10	全員無罪判決確定。	

※日本弁護士連合会「鹿児島選挙違反事件（志布志事件）報告集」〔2008.3.1刊〕66頁以下の「志布志事件時系列表」をもとに編集。

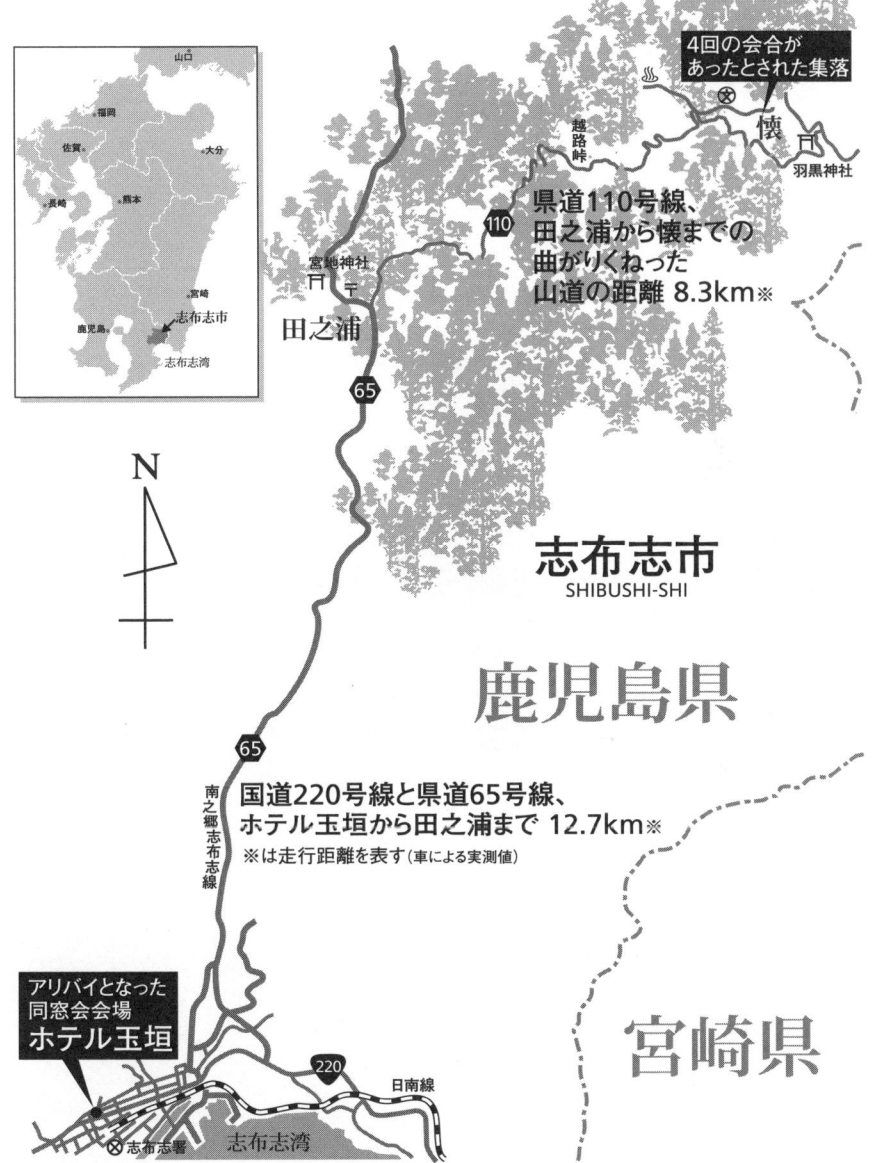

2 対談 志布志事件の問題点とその背景

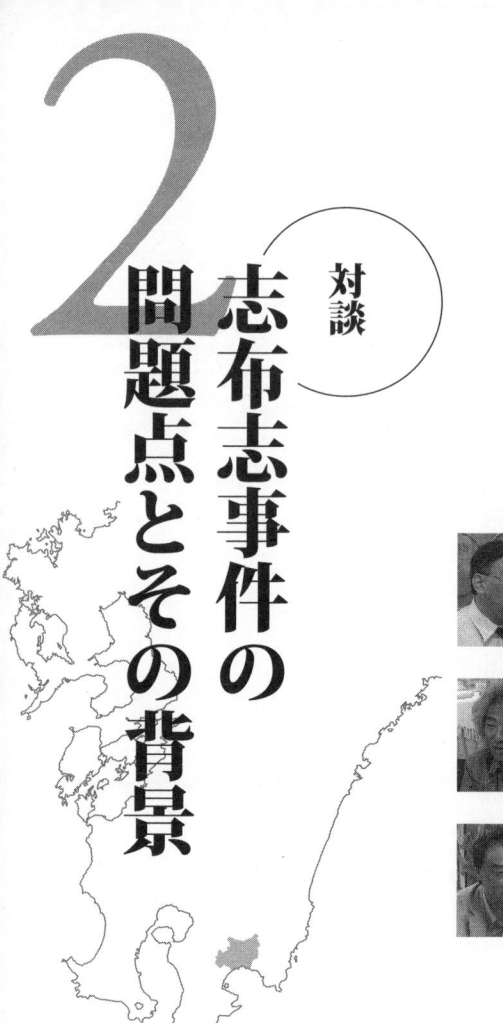

野平康博（のひら・やすひろ）
弁護士〔鹿児島県弁護士会所属〕。
志布志事件の被告人であった永山トメ子さんと永利忠義さんの弁護人を務めた。

毛利甚八（もうり・じんぱち）
作家。
「季刊刑事弁護」誌上「事件の風土記」で志布志事件を取材。

司会
小池振一郎（こいけ・しんいちろう）
弁護士〔第二東京弁護士会所属〕。
日弁連刑事拘禁制度改革実現本部副本部長。ドキュメンタリー映画『つくられる自白―志布志の悲劇―』製作にかかわる。

志布志事件との出会い

小池 野平さんから、志布志事件にどのような経緯で弁護人としてかかわることになったのか、まずお話いただけませんか。

野平 志布志署まで鹿児島市内の弁護士が接見に毎日通っていたのですが、人手が足りないということで依頼がありました。永山トメ子さんの息子さんが、毎日接見に行って欲しい、お母さんがもう73歳と高齢で、毎日の

取調べは大変きつい、ということを弁護人に訴えていました。永山さんは、1回目の会合事件について、2003年6月3日に起訴されましたが、4回目の会合事件についてもさらに逮捕があり、どうしても、20日以上の勾留が続くだろう、ということで、私も担当となり、面会に行くようになりました。それが2003年6月7日です。それからずっと弁護人としてかかわってきました。

小池　鹿児島市内から、勾留されていた志布志警察署まで面会に行かれたわけですね。どれくらい時間がかかるんですか。

野平　車で片道2時間以上ですね。面会時間を入れると全体で6時間くらいかかるので、半日以上つぶれてしまいます。そこで3人の弁護士でローテーションを組んで3日に1度会いに行く。そうするとどうしても弁護人が足りなくなるんですね。私が加わるまでは弁護士2人で面会に行っていたわけですからもっと大変だったと思います。

小池　毛利さんは、どういう経緯でかかわられたのでしょうか。

毛利　僕は、2005年6月に、はじめて志布志市に取材にやって来るのですが、その前に2001年の暮れから、「季刊刑事弁護」誌上で「事件の風土記」という、えん罪事件の取材をやっていました。免田事件、松川事件、福岡事件などを取り上げましたが、昭和20年代から30年代の事件だったので、昔の警察はひどかったんだな、ということを取材しながら感じていました。

　戦前に思想犯を取り締まった特高警察の人たちが、戦後直後まで警察に生き残っていて、新しい刑事訴訟法が施行されてもそれを無視して暴走する。そういう人たちが昔はいたんだなあと思いながら、鹿児島に取材にやってきたんです。ところが、志布志事件の取材をするうちに、警察は昭和20年代と同じことをしている、ということを知ってまず驚きました。

　それから、買収会合があったとされる懐集落にも行ってみました。僕は1994年から98年にかけて『宮本常一を歩く』〔小学館刊〕という辺境を歩くルポルタージュを書きました。北海道の宗谷岬、鹿児島のトカラ列島、奈良の吉野地方など日本の隅っこばかりを歩いてきたので、懐がどん

な生き方をしてきた集落か、身に沁みてわかったんですね。だから、そこで191万円配られたということを前提に捜査している警察官や検察官も、勾留を認めている裁判官も頭がおかしいのではないか、と思いました。それで無罪だと確信して2005年夏頃から、記事をずっと書いていくことになるんです。

　この事件にかかわって思うのは、1つは、警察と普通の市民との人権感覚のズレがこんなに大きいのか、ということでした。もう1つは、懐集落というところは共同体として、人間関係が濃厚に残っている。そのことでもつれている部分もあるでしょうが、救われた部分もあるんじゃないでしょうか。都会で、みんなばらばらな生活をして、ばらばらな意識を持っていたら、もっと警察の手玉にとられて、ないものが有罪になっていたんじゃないかなと思います。

　特に、「住民の人権を考える会」(代表：一木法明さん) の人たちが、自分たちには直接かかわりがないにもかかわらず、支援に動いていったということは、お互いのことをよく知っているからです。半信半疑ながらも信じることができて、被告人の人たちは救われていったのではないかな、と思います。

取調べという名のもとの拷問とつくられる自白

小池　当時13名の被告人のうち、約半分の6名が自白したということですが、こんなに簡単に自白してしまうものなのでしょうか。

野平　私はかつて警察官からお話を伺う機会があったのですが、その方は、警察官がその気になれば取調べ開始から30分もあれば虚偽自白させることができると豪語していました。犯人でなくても、自白させることができると言っていました。つまり、彼らがその気になれば、自白はいとも簡単に取れるということが、密室取調べの恐ろしさだということを警察官自身が自認しているということです。

　ただ、6名もの人が自白したとは言え、「ない」事実ですから、自白直

後から、会合の回数や金額などの重要な部分で大きく変遷に変遷を重ねていきました。だから、最初の段階から、警察の多くの人たちは、自白が虚偽だということをわかっていたと思います。

小池 わかっていながら、進めていたということですね。公判廷では最終的に全員自白を撤回した、ということになるんですね。

野平 はい。

小池 先ほど毛利さんから免田事件の話がでましたが、この事件は、代用監獄で夜も眠らせないで取調べをして自白強要したケースです。最高裁で死刑が確定したものの、再審で無罪になりました。同じように財田川（さいたがわ）事件は、代用監獄に勾留中に食事の量を減らして自白させたという事案です。

こうした拷問のようなことが、今はそこまで露骨ではないのかもしれないけれども、それに近いことは、この志布志事件でもあったのでしょうか。

野平 この事件でも、私の担当していた永山トメ子さんは、勾留中に、留置場で、夜、明かりを消して欲しいと看守に頼んだけれども、看守に消してもらえなかった。永山さんは夜眠れない日々が長く続いて、精神的に苦しいと盛んに訴えていました。他方、山下邦雄さんは、弁護人を解任させられた後に自白に転じるわけですが、自白に転じた後は、看守から明かりも消してもらえるようになった。

永山さんは、いつ朝がきて、いつ夜が来たのかもわからない。他方、山下さんは、自白することによって朝日を見ることができた。

毛利 邦雄さんが代用監獄に勾留されているときに、「どっちから太陽がのぼるのかな」と思ったそうです。要するに毎日山の中、自然の中で生活している人なので、自然から切り離された生活をさせられたことが、相当つらかった。

野平 だから、自白を維持し続ければ、そういう便宜をはかってもらえる。そういう面が代用監獄にはあったようです。

毛利 他方、永山さんの房には、窓がなかったんですね。

野平 そうですね。しかも独居房でたった一人だけで収容され孤独な状態

で、半年間親族との接見が禁止されていたため、弁護人と会うことが心の支えになっていた、という状態でした。毎日、留置場と取調室の往復です。2003年5月13日に逮捕されて、勾留場所が変更される7月3日までの間、毎日のように調べられた。1日か2日だけ体調が悪くて調べがなかった日があるだけです。

毛利 永山さんは、何時間くらい取り調べられていたんですか。

野平 午前9時から午後9時まで、食事などの時間を除いて10時間は調べられていました。私が面会に行くときは、午後5時に鹿児島を出て午後7時過ぎに志布志署に到着するのですが、その時間までいつも調べられていました。

小池 任意捜査の段階では、もっと長い時間、取調べを受けていたと聞いていますが。

野平 人によっては、朝7時に迎えがきて、夜11時くらいまで調べられる。その間、昼食も夕食の時間もなく調べられた方もたくさんいました。

小池 お茶も水も出されなくて休憩なしで14時間以上、連日、任意捜査という名目で取り調べられたという方もいると聞きましたが、他の方も同じような状況だったのですか。

野平 以前、皆さんがどんな被害を受けているか、聞き取り調査をしました。私を含めて弁護士4名で、2003年7月23日に、志布志市内のホテルで、任意捜査で取調べを受けた人たちに話を聞きました。中には被告人にならなかった人たちも14〜5人含まれています。その結果、同じパターンで取り調べられていることがよくわかりました。

　そこで、多くの人たちが口々におっしゃったのは、早朝から夜遅くまで、「やっただろう、認めろ」と延々と言われた。さらに、水も出してもらえない、トイレにまで人がついてきた。被告人になった藤元いち子さんは、トイレが逃げ場だったと言っていましたが、川畑幸夫さんも同じことを言っていました。だけど、なかなかトイレに行かせてもらえない。帰りたいと言っても帰してもらえない。任意段階で藤元さんは、つらさのあまりトイレに

立てこもり「私を殺してくれ」と叫んだこともありました。
　任意捜査という名のもとで、実際は、自白するまで家に帰さないということが繰り返されたんです。
小池　我々は、任意捜査というのは「いつでも帰れますよ」ということで、だから「任意」捜査というんですよ、と教えられてきたんですけどね。実情は、もう完全な強制ですね。
毛利　警察の言うことに逆らうと、もっと大きな不利益があるかもしれない、という怯えもあって、皆従って行くということですね。
野平　2つの傾向があると思います。1つは、自分たちは何もやっていないんだから、警察署に行ってそのことを話せばちゃんと聞いてくれて、身の潔白も証明できると。だから協力しようという人もいる。他方、警察のような恐ろしいところには行きたくない、自宅で話を聞いて欲しい、と言った人もいました。でも、「当然のきまりだから」と言われて連行される。だから断りたくても断れない。特に、田舎ということで、警察に対する厚い信頼がある。警察はそれをうまく使って引っ張っていく。信頼を逆手にとっているんです。
小池　取調べの最中に机の上に両手を置いて動かすな、ということを言われたケースがあったということなんですが。
野平　これも、多くの人が証言していますね。ただ、それだけではなくて「姿勢を正せ」と言われる。そして、姿勢を崩すとまたそのように命令される。
毛利　それは任意捜査の時も同じですか。
野平　同じです。川畑まち子さんは、4回目の会合に参加した、ということにされて、任意捜査という名目のもとに連日調べを受けましたが、そこで、いつも同じ姿勢でいることを強要されたため、頸椎の手術をせざるをえなくなったそうです。
毛利　「第2の踏み字事件」と言われたケースですね。
野平　そうです。藤元いち子さんの名前を書いた紙を「おまえがやっていなければこいつが憎いだろう」として、その紙を踏めと言われた。そのと

きに姿勢の強要もされたのです。しかも取調室の状況というのは、小さい机の前で、警察官と対面して、ずっと同じ姿勢を強いられる。しかも狭い部屋なので、少し動けばもう壁です。また堅い椅子で、そこに14時間も座らされればお尻が痛くなる。皆さんご高齢なので、耐えられず少しでも楽な姿勢を取ろうとするのですが、そうすると「崩すな」といって怒鳴られる。

小池　藤元さんの取調べ時間は、合計737時間にも及びましたしね。

毛利　取調べで使われたのは、パイプ椅子ですか。

野平　そうです。そこに姿勢を正してずっと座らせられる。

毛利　山下邦雄さんは、腰縄を椅子に結びつけられたと言っていましたね。

小池　引野口事件の元被告人の方も、手錠をつけられたまま座らせられて、身動きが自由にとれない状態だったということでした。戦前からの肉体的な拷問が形を変えて、いまも続いている。取調べという名のもとの拷問ですね。「ピストルで撃つぞ」と脅迫された人もいる。

小池　先ほどいわゆる「踏み字事件」という話も出ましたが、毛利さんこれについてはどう思いますか。

毛利　「踏み字」のことを聞いたときには、あまりに荒唐無稽なので、はじめはちょっと信じられませんでした。冗談みたいな話ですよね。でも、されたほうから見れば大変なことです。

　これは、人の心を支配しようとする手法だなと思いました。人の心を支配して、プライドを傷つけてずたずたにすれば、自分たちの都合のいいように壊れていくんだということを、警察が経験的に知っている。戦争が終わって60年以上も経っているのに、その手法が警察内部で脈々と伝えられてきた、ということにさらに驚きました。どうやって伝えられてきたんでしょうね。

野平　それは、先輩にあたる取調官とその後輩の補助官とがセットで取調べをする中で、脈々と学んでいく。

毛利　目の当たりにしながら学んでいくんですね。

野平　いかに取調官が、取調室を精神的に被疑者を屈服させる場にしようとしているか。そうすれば、自白に落ちていくんだ、ということを知っている。つまり、いかに屈服させるか、ということが主眼なんです。警察がよく言う「信頼関係」ではなく、まさに屈服させることからスタートしている。それが自白をとるために大きな力になっているんです。

毛利　まさしく「自白は証拠の女王」だからですよね。

野平　そうです。

毛利　でも、自白を「証拠の女王」とすることは、法律上は禁止されていませんか。

小池　刑事訴訟法の建前と実態は違いますね。

毛利　だから、彼らは、屈服させるためのテクニックをひそかに磨き続けているわけです。僕は、公権力が心を支配することそのものが憲法違反だと思うのですが。近代の市民社会の中では、絶対やっちゃいけないことですよね。なのに、それが警察のなかでは有効な方法として信じられていて、表向きは隠しながら日々使われている。

野平　脅しやすかしを使って自分たちは上位にいるんだ、ということを示す。川畑幸夫さんは、身体検査をさせられて、股間も触られた。警察は、自分たちはそこでは絶対者として存在しているわけです。だから、従わなければ、この先どうなるかわからない。取調室から早く出たい、という心理状態を作られていて、これから先のことを考えられなくなる。

　そういう心理状態に追い込まれていって、自白におちる。嘘でも認めれば解放される。取り調べられた人たちは、それまで普通に生活してきた人たちだから、威圧されたり恫喝されたりということはない。そこに、こういう経験をして、早く逃れたいと思うのはやむを得なかったと私は思います。警察が「そこはこうじゃないか」と誘導すると、それに従わざるを得ない。まさに合作で虚偽の自白が作られていく訳です。

毛利　一般の人は、警察に連行されてやってもいないことを言う訳ないじゃないか、と思われるかもしれませんが、警察はいとも簡単に、否認する

人を自白に押し流すことができる。

■長期勾留の弊害

毛利　ところで、起訴された買収事件は、なぜ4回の会合になったのでしょう。

野平　共犯者供述をあわせていくと、もらった金額がずれてくるわけです。任意捜査段階からすでに供述が変遷している。それでもらった金額が合わなくなっていく。そこで、警察は、金額が食い違うのは会合が何度かあったからだろう、ということで供述をとっていったんです。

　でも、なぜ4回になったかは、闇の中です。被疑者が1人や2人だけなら、こうはならなかったと思います。事実がないので5人がばらばらに違うことを「言わされて」4回になった。

毛利　一番不思議に思うのは、なぜ、ふと立ち止まって、懐集落のような場所で、こんな金額を配るんだろうか、と警察官は疑問に思わなかったのでしょうかね。

野平　それに、恐ろしいのは、今回は、13人の被告人について4回の会合をめぐる複雑な事実関係だったから合わせるのが難しかったが、1人や2人ならたやすく合わせられたかもしれないということです。

　実は、一番危ないと思ったのは、山下邦雄さんが、2003年7月31日の公判廷で、1回目と4回目の会合について、お金を受け取ったことを認めたところです。そこで、もし2回目と3回目の会合について追起訴がなければ、1回目と4回目について結審して、有罪になって終わっていたかもしれない。

毛利　そしたら、他の人たちも一人が有罪になっているんだから、と裁判官は他の被告人に対する無罪の心証を持ちにくくなる。

野平　そうすると簡単には無罪にはならなかったかもしれない。有罪の心証で進んでいったかもしれません。あの場面が、私たちも一番怖かった場面です。

小池　山下さんは、よく公判廷で、自白を撤回してくれましたね。

野平　一つは、家族の力です。家に帰ったときに、奥さん（カズエさん）が「あんた、男のくせに本当のことを言わないで」と厳しかった。公判廷でも、「とうちゃん、本当のことを言わんね」と傍聴席から怒鳴っていたくらいですから。

毛利　邦雄さんのほうは、「俺は一度言ったからには言い続ける」という男気のある人で、自白を維持しようとしたんですよね。

野平　それが、邦雄さんの性格なんですよね。

毛利　自白したことが心の傷になっていて、泥船でいくとこまでいってやる、という感じ。心の傷の深さが自暴自棄のかたちであらわれている。

野平　それが保釈されて出てきて、家に帰って我に返ったんだと思います。

小池　保釈された後に、否認に転じた。

野平　保釈されたことで、心も解放されたんでしょうね。山下さんだけでなく、公判でも自白を維持されていた方々は、保釈された後は、皆さん否認を通した。やはり我に返ったということになるんだと思います。解放されて日常生活に戻ると、いかに自分も含めて多くの人を傷つけているんだということがよくわかった。それで、真実を言わなければならない、ということで闘うようになった。

小池　判決にもありますが、今回の事件は、罰金か執行猶予のケースなので、とりわけそうなのでしょうけれども、身体を拘束されていると、有罪判決によって前科になるということよりも、とにかく早く出たい、ということが切実な問題になる、と。早く出られるなら、嘘の自白をしてもいい、認めないといつまでも釈放されない、という心理状況になるんですよね。

野平　そういう心理状態になるのを知っているのなら、裁判所は、最初から身体拘束を前提にすべきではないと思いますけれどね。

毛利　でも、判決が有罪でも執行猶予がつくような事件で、もっとも長い人で勾留期間が395日。これは、刑の執行以外の何ものでもないですよね。

野平　そのとおりですね。

毛利　裁判が終わるまえに、もう刑が下されている。普通の人にとって、拘禁されている場所が拘置所か刑務所かなんて関係ないですよね。100日ある場所に粗末な布団で寝かされ、おいしくないご飯を食べさせられて、仕事がなくなって、職員の言うことを聞かないと怒られたりする、というような生活をする。これは完全に刑罰ですよ。

でっち上げ事件が有罪に転ぶかもしれない恐怖

小池　結局、この事件は中山信一さんのアリバイが成立しなければ、どうなったかわからないとも言われていますね。

野平　そのとおりですね。特に、裁判所は自白の任意性ありとして調書を採用しました。その段階では、これは有罪になる、危険だと思った。

　自白にまっこうから反する客観的事実があったからこそ裁判所は無罪判決を書くことができた。いままでの裁判所の傾向からすると、やった可能性があったとして、アリバイはないものとして、自白の信用性ありとするケースが多いと思います。

毛利　もしも四浦県道の入口の田ノ浦の辺りに会合の場所があったら、裁判所は、アリバイを認めなかったかもしれませんね。中山さんは、時間的に会合に行けたということになったかもしれない。車をすごく飛ばすと20分程度で行けますから。

野平　車で片道40分かかるということが、アリバイとして認められた理由としてとても大きかった。場所的地理的条件がアリバイ成立の方向に強く動いたと思いますね。

毛利　僕は、元被告人の人たちが辺境に住んでいたということが、無罪に導いたと思っています。彼らが市街の中に住んでいたら、助からなかったのではないかと思います。裁判官は、あのカーブの続く道を大雨の中で現場検証するうちに、自分の誤りに気がついたでしょう。

野平　ただ、弁護人としては、アリバイがすべてだったとは思っていません。供述の変遷も大きかった。それも大きな根幹の部分で違っていた。1

回目から4回目までの会合が出てくる変遷過程が非常に重要で、供述の重要部分で変遷があるのは、任意捜査の段階から言えた。客観的事実に反する自白だからということだけで無罪になったとは思っていません。供述の根幹部分の変遷があったこととアリバイという客観的事実に反する自白があるということの両輪だったと思っています。

　もしも自白した6人の調書について、最初から一貫した自白だったという調書が作られていたら、わからなかったと思います。会合場所が、懐であったとしても、時間をずらしたり、全員の記憶の勘違いだったりとかすれば、できたかもしれない。

毛利　免田事件もそうですね。アリバイである旅館に泊まった日にちを、警察は1日ずらしたんです。

安易に虚偽自白を信じる裁判官の責任

小池　それにしても、そうして作られた自白調書を、裁判所がいとも簡単に信用するということも驚きですよね。

毛利　勾留延長の請求にしても、あんなに不自然な証拠群を見てもなお、裁判官は次々にハンコを押していた。

野平　逮捕・勾留された人は全部で15名います。

毛利　ということは、裁判官は、何十回も逮捕令状や勾留延長請求に対して印鑑を押しているわけですね。

野平　それも自白調書だけを見て、です。客観的証拠はほとんどなかった。6名の調書が相互に一致している、ということで勾留を許可してきた。本当は、買収事件ですから、お金の出所がはっきりしないといけないし、お金の使途が裏付けられなければならない。もちろん事件そのものがなかったので、探してもないわけですが。

毛利　会合の際のオードブルの盛り皿をつくった業者を捜したり、焼酎の瓶が捨てられていないかなど、警察は必死で捜査したがみつからなかった。

野平　苦し紛れに言ったことを裏付けるためにですね。だから、何も出て

こないということは、やってないことを裏付ける証拠です。でも、裁判官に見せるのは、彼らが集めた中で有罪になる証拠だけです。裁判官は、自白の採取過程がどうだったのか見極めて、他の資料を出せと言って、そうでなければ身体拘束しませんよ、というような判断をきちんとやっていけば、早い段階で解放されていた可能性は高いです。だから、裁判官の責任は大きいですよ。

毛利　僕も、かなり大きいと思います。要するに、警察官がつくったフィクションを鵜呑みにして、15人の人の生活を破壊している。裁判官は、何度も何度も確認する機会があったのに、ハンコを押しているわけで、検察官と裁判官が、警察官の捜査が適正かどうかを見極めるということがまったくされないまま、被告人の人たちが被害にあった。長期勾留も裁判に拘束された約4年間の生活も完全な被害ですよね。無罪判決を得たからゼロになったわけではなくて、被害はすでに起こってしまっている。

野平　そして、その被害が相当甚大ですね。回復しがたいほどの被害です。一つが山中鶴雄さんと永利忠義さんがお亡くなりになったことです。高齢者が密室に閉じこめられて長時間の取調べを受けたことによる苦痛。それは、簡単には癒えないことをちゃんと理解した上で身体拘束するかどうかをきちんと見極めて拘束しないといけない。

　さらには、肉体的・精神的のみならず、経済的にも被害が生じました。皆さん職を失いましたね。いままでの生活は安定していたのに、今や職を転々としなければならなくなった。これは、なかなか簡単には回復しない。

毛利　山中さんは、2005年5月24日に亡くなられましたね。

野平　保釈されて約2年半の後です。約6カ月間の勾留の後ですね。また、永利さんは、勾留されていませんでしたが、被告人という立場に立たされて、出廷させられた。その時間が長いんです。志布志市から2時間ほどかけて鹿児島市まで出てこなければならない。午前10時からの公判のためには、早朝に出てこなければならない。そして帰りは午後9時頃にしか帰り着かない。

毛利　そういう生活を3年半続けたんですよね。

野平　これがどんなに大変かは、その立場に立たされた人でないとわからない。

毛利　永山トメ子さんが無罪判決を得た後に、会いに行ったのですが、その時に全然顔が違っていたのに驚きました。無罪になるまでずーっと不安だったんですね。いつも冷静に取材に応じてもらっていたんですが、無罪になった後は、「毎日が楽しくて、歌を歌うような気持ちだ」とおっしゃった。つまり、それぐらい苦しかったんです。

野平　被告人という立場自体、「国が罰するぞ」という重圧もとても大きかったと思います。

小池　結局、物的証拠もないまま、裁判官は、自白調書を信じて身体拘束したものの、この事件は無罪になりました。一般的に、裁判官は自白調書をそのまま信用する傾向がある。具体的で詳細な調書になればなるほど、それを理由に信用性があるとしてしまう。具体的で詳細な調書は、警察官はプロですから、そういうものとして作文することがいくらでもできると思いますけれども。

野平　まさにそのとおりです。作文できる材料があったんです。田舎のことですから、会合というか集まりは必ずあるんですね。そうすると、何か別の会合と重ね合わせれば、うまく調書ができあがる、さもあったかのような調書ができあがるんです。

　藤元いち子さんのお宅で4回会合があったというふうに作られていますが、確かに、いち子さんのお宅で会合があったことが1度あります。それは、いち子さんの長女が結婚されて、「イタシキバレ」という披露宴のようなものです。地方の習慣ですね。

　そのときに、中山信一さんも来ていた。その日の話の詳細をすり替えていく。実際にそのときの席順を、参加者の一人から押収しているんです。これをもとに警察は聞いていった。そういう素材を集めておいて、調書を作っていく。

毛利　映画を作っている中で、藤山忠さんが、会合の見取り図を描かされている様子を再現してくれました。それを見ながら「ああ、なるほど」と愕然としました。

　警察は、現場検証しているんですよね。藤山さんは、何年も藤元さんのお宅に行っていなかったから、中がどんな様子か知らなかった。そこで、２年前の記憶で書いたものを、後ろから警察官が修正しながら、正しいように直していく。「堀ゴタツは今は板敷きになっているよ」などと警察官がアドバイスしている。そういうことを裁判官は知らないんですね。

小池　何十枚も見取り図を書かされたと聞きました。３日間かかって見取り図を作って、最後の１枚だけが調書になった。

毛利　それから、藤元いち子さんの供述の中に、会合でみんなが来るので芳香剤を買ったというところがある。ここまで嘘をつかせるのかな、ああいうのに裁判官はだまされるんだなと思いましたね。

野平　迫真的で詳細で、本当に経験したんだろうなということを織り交ぜている。

毛利　まさか嘘で芳香剤買ったことまでは言わないだろうという裁判官の甘い認識を逆手にとったようなくだりですが、あの話は、どうやって出てきたんですかね。

野平　取調官からか、いち子さんからか、どちらから出てきたかはわかりません。お客さんをもてなすときには何かしただろう、と取調官による誘導はあったと思います。でも、そのような調書ができあがっていることを本人は絶対に覚えていないと思います。

　裁判官の無罪判決の中で、懐智津子さんに関する部分ですが、その供述がきわめて詳細すぎて、驚異的な記憶の持ち主だと、揶揄していますよね。実際、そんなことないですよね。本人は覚えていないし、知らない。

毛利　でも、裁判官がだまされているわけです。それで長期勾留の被害を与えておいて、あの判決はないでしょう。判決の中で、私たちがだまされて悪かったと言うことはできないんでしょうか。

　詳細すぎて嘘の自白であるという結論になっているわけですが、それを支えているのは、長期勾留を認めた自分たちの決済なんですよね。逮捕して勾留してもいいよとハンコ押したのは裁判官であるにもかかわらず、無罪判決であのように言っている。すごい自己矛盾だと思うんですけど、裁判官は恥ずかしくないんですかね。

野平　検察の責任、裁判所の責任については、一切触れないようにして今回の無罪判決は構成されています。検察官の作った調書については一切証拠評価していない。警察官の調書についてだけ、評価しているということがあるのは、国賠訴訟とか、仲間の庇い合いとかあるのかもしれないな、と思います。

　でも、ここは、思い切って膿をださないと、自白に依拠した裁判というのは続くと思います。そう簡単に信じちゃ行けない世界がある。今回の事件では、13名が同じような取調べを受けて、うち6名は自白に落ちたけれど、7名は自白に落ちなかった。つまり落ちることもある。そういう世界があるからなんですよ。そこを見極めることを裁判所はわかった上で対応していく必要があるのではないでしょうか。

警察と検察の責任

毛利 そもそもそういう調書を作った警察側は、ぜんぜん不利益を受けていない。国賠訴訟で訴えられたとしても国が代理人をつけてくれて、自分は証人としてちょっと出てくるだけです。取調べを行った濵田警部補は、刑事告発されましたが、他の警察官や検察官は拘束されず、ずっと国にかばってもらっている。こういう無責任な制度が直らないといつまでも変わらないんじゃないか、と僕は思うんです。

野平 警察の責任については、この事件では、述べていないことも調書にされている可能性があるので、虚偽公文書作成罪にかかわる可能性もあるし、つくった調書を破ったという証言が複数ある。本当にそういうことが行われていれば犯罪になる可能性がある。その他にも裁判所を利用して、逮捕・勾留しているわけですよね。彼らは身体拘束さえすれば何とかなると思っている。

　裁判所は決断しなければならない。裁判所は自白を簡単に信じてはいけないんですよ。警察側からすれば、裁判所が認めたから、身体拘束ができたと言う。実際、国賠訴訟でも裁判官が令状発付を認めたのだから、適正にやっていたと述べているんです。だから、裁判官はもっと毅然とした態度で、我々はもう自白調書のみで令状発付しませんよ、と断固やってもらわなければ、こういう事件は今後もどんどん起こりますよ。

小池 勾留場所についても裁判官が、拘置所ではなく代用監獄と指定しているからだ、と警察は自己弁護しますよね。

野平 代用監獄への勾留について言えば、2003年6月の終わりくらいに、永山さんを志布志署から鹿児島市内の拘置所に移して欲しいと、裁判所に勾留場所変更の請求を行いました。裁判所としては、勾留場所を変更したいと打診はしたのですが、拘置所のほうが、女性の未決を受け入れられる余裕がないと言って一端断るんですね。裁判所は、7月2日になれば空きができるので、受け入れられると言うので、7月2日にまた行きました。

すると、「7月4日にならないと空きが出ない」と拘置所の回答があったので職権発動しませんと言われました。7月3日が公判日でしたから、検察側はどうしても志布志署に置きたかったのでしょう。代用監獄を利用して、「みんな認めたじゃないか、否認を通すのか」と追及したかった。だから、なんとしても勾留場所の変更に応じなかった。

　僕は、拘置所もぐるになっていたのではないかと今でも思っています。というのも、その後、弁護士法23条の2により照会を拘置所に対してかけました。本当にその当時の収容人数は何人だったのかと聞いたわけです。「答えないことになっています」という回答だった。

　こういう代用監獄を使って、自白を迫るしくみがある、ということを裁判官はわからないといかんと思います。本当に恐ろしいことです。実際我々も知らされてない。組織的に自白を迫る装置として、あらゆるものが機能していることが今回よくわかった。

小池　検察で否認している被疑者が、警察の代用監獄で取り調べてまた自白するということはありましたか。

野平　それはもう日常茶飯事です。検察官が共犯者なんですね。検察と警察がぐるになって自白をとったといってもいい。でも、弁護人は、警察官はひどいけど、検察官は違うよ、だから自分の無罪をちゃんと訴えてください、とアドバイスをする。そこで、検察官調べのときには、「私はやっていません。警察官調べのときは脅されて自白したんです」と訴えるわけですね。ところが、検察官は、頭ごなしに「おまえは警察をばかにするのか」とか「ちゃんとあたま冷やしてこい」といって代用監獄に戻すんです。そして、その道すがら、警察官は耳元でささやくわけです。「警察の言うとおりにしておいたほうが早くでられるんじゃないの」と。そうすると一人孤独になったときに不安になるわけです。誰も味方になってくれない。

　さらにおそろしいことに、第7回公判期日までは、ずっと接見禁止がついていた。肉親や親戚、友人などにずっと会えない状態が続いていたんです。それで、認めれば早く解放されるかもしれないという気持ちになる。

検察官が、取調官を変えたり、身体を拘置所に移したり違法を遮断する措置を講じて、真実を見極めることをしていれば、もっと早くに解決していた事件だと思います。警察がとった調書は何ら裏付けがとられていません。だから、そんなことはあり得ないということを検察官は、わからなければならなかった。さらに、検察官は、現に警察官からひどい取調べを受けたという話を聞いている。「刑事を殺してやりたい」とまで言っていた人がいるんです。この「殺してやりたい」という言葉がどういう意味なのか、それを真摯に受け止めて聞いていれば、違った対応ができたはずです。

毛利　検察官は何を勉強してきたんでしょうか。法律の知識のない無防備な人を検察官が思いやらずに、警察官と一緒になって攻めているわけですからね。

野平　訴えていることを受け止める力が必要ですよね。警察官や検察官は、被疑者は嘘をついているんだ、だまされてなるものかと思っている。真実の叫びに耳を傾けるということをしてみるべきです。無罪の証拠を決定的につぶせるかどうかを徹底してやるという姿勢が、この事件で最初から検察官にあれば、立件なんか到底できない事件だった。

毛利　でも判決では、違法な取調べがあったかどうかはわからなかった、と言っていましたね。まるで、自白したことが悪いといったような判決ではなかったですか。だって、警察が無理強いしたかどうかはわからない、と言っているんですから。

野平　それは、判決文の７項だと思いますが、突然入っているんですね。私たちも驚きました。事実認定のところで述べてきたことは、ほとんどが強圧的な取調べあるいは違法な取調べを伺わせる事情があると述べてきたんです。ところが、この７項で突然、いろいろ膨大な量の証拠を調べたけれどもわからなかったと、トーンが変わるんですね。なぜ、そうなっているのかわからない。

　ただ、交代した裁判長が差し入れたんじゃないか、という推測はできます。あくまで被告人に有利に解釈すると、取調べ状況をわかるようにして

くれ、それは検察官がそこをきちっと明らかにすべきではないか、というメッセージとも読むことができるのでないでしょうか。

毛利　僕は、言い訳だと思っていました。

野平　もちろんそういうことも考えられますよ。「わからなかったのは、あなた達の責任だ」と。でも、現在はわからない状況なんだ、自白が真実かどうかは、裁判官だって神じゃないからわからないですよ、という正直な気持ちを述べていると受け止めることでもできる内容です。だから、取調べ捜査の全面可視化に向けてメッセージを送ったと解釈することも私は可能だと思います。

▍でっち上げ「志布志事件」の背景

小池　なぜ警察はこれほどのでっちあげ事件を起こしたのでしょうか。

野平　組織の論理というのは大きいのではないでしょうか。一度始めるとブレーキをかける方法を知らない。第三者がブレーキをかけるしくみがない。組織の肥大化とも無関係ではない。そこも関係しているのではないでしょうか。

　捜査２課としては、統一地方選挙という４年に１回の大きなチャンスが巡ってきた。実績を挙げたい。これまでも、選挙違反事件については、実績を挙げてきたという自負心があります。自分たちはここでも挙げなければならないと考えた。Ｋ署長とＩ警部というのは、保徳戦争（かつて全国唯一の一人区だった旧奄美群島区で、徳田虎雄氏と保岡興治氏が繰り広げた激烈な選挙戦）における重要な仕事をしてきた。自分たちの存在意義を示せる。腕を振るえる。ということで非常に大きなチャンスだった。そこで、力を示すことで彼らの基盤を固めることができる。

毛利　Ｋ署長は前任地で、選挙違反事件について成功体験があったんですね。

小池　本来は、検察がそれをチェックする役割を果たすべきですが、ここまで警察とともに突き進んだんでしょうね。

野平　当時の主任検事が、初任明け（検事になって2年目）の新米検事だったこと、これが一つ大きかったと思います。それと検事正の弁護士嫌いというのもあった。ある弁護士が、現金を渡したとされる側ともらったとされる側の両方の弁護を引き受けた。そして、どちらも否認した。それはおかしいのではないか、とその検事は勘違いをした。弁護士としては否認しているのだから両方やっても問題ないと思って引き受けたわけです。検察官側からすると否認をそそのかしている。それで、秘密交通権をめぐる国賠訴訟で、検察側は、弁護人は否認の慫慂をしたから、弁護人の接見状況を聴取して調書化したんだという話をしています。

　明らかに検察に誤解があって、冷静に見ることができなかった。それが理由の一つではないかと思います。でも、本当のところはよくはわからない。

毛利　懐集落にいって思うのは、「ここのじいさん、ばあさんなら自分たちに抵抗しないだろう」、という人間に対する軽視もあったんじゃないでしょうか。長い経過を見ていると、そういうものが警察官の中にあったんじゃないかな、と思います。だから支援する「住民の人権を考える会」ができて「反抗する」ということすら念頭にない、権力を持った人たちの鈍感ぶりというのが、今回の事件を起こしたのではないか、最初はそういうところから始まっているのではないか、と思っているのですが。

志布志事件の悲劇を繰り返さないために

小池　最後に、このような悲劇を繰り返さないためにはどうしたらよいのでしょうか。

毛利　裁判官が司法修習生のときに、拘置所と代用監獄に1週間くらい身分を明かさずに入ってみたらいいのではないか、と思います。そして、丸裸にされて身体検査を受けたり、おいしくないご飯を食べたり、監視されながら風呂に入るような生活を体験してみたらよいのではないでしょうか。

　その経験がないから、人はこんな簡単に自白するわけないじゃないか、

と次々にハンコを押していくのではないでしょうか。裁判官が「勾留とはこんなひどい体験なのか」と実感できれば、絶対に防げると僕は思います。検察官も同じですね。

野平 やはり裁判官の人権感覚が磨かれることが大切だと思います。毛利さんがおっしゃるようなところまでやるかどうかは別としても、自由ということがいかに人間にとって大事なのか、ということをもう１回、憲法の条文も全部読んで受け止めていくことが重要ではないかと思いますね。そうすれば安易に令状を発付しないと思います。

　特に、今回のような事件の場合に、発付することがどれだけリスクを伴っているのか、被害をうむ可能性があるのか、ということを理解すべきです。特に、えん罪の場合、回復したがたい被害が生じるのだということをちゃんと理解すれば、それが歯止めになると思います。

小池 身体拘束に対して、裁判所はよりセンシティブになるべきでしょうね。

毛利 永利さんの例を見ると、やはり人間の誇りを傷つけたと思います。皆、気付かずにやっていたと思いますが、永利さんや山中さんが、寿命を縮めていったのは、してもいないことで人生を壊されるなんて、という不条理に対する怒りが大きかったと思います。それは数値化できないから、しらんぷりしているけれども、大きいものがある。川畑さんがいまやっている闘いもそこにあるんだと思います。

野平 尊厳をかけた闘い、自分の人間性を回復させたい、あそこで受けた屈辱をなんとしても晴らしたいということ。取調べの全面可視化を求める川畑さんの奮闘はそこから来ているのだと思います。

小池 私は、裁判官の人権感覚に加えて、これまで見てきた、自白偏重、代用監獄制度といった日本の刑事司法システムそのものにも問題があるのではないかと思っています。

毛利 法律で否定されていることが信じられていて使われている。法理念を尊重せずに、まともなことを言うと誰かが嫌な顔をするだろうな、とい

う理念でもシステムでもない、「身内の論理」にもたれかかって動いているような気がします。警察、検察、裁判所は自分たちの職責の重さを自覚して欲しい。

小池　刑事訴訟の本来あるべき理念や原則が実践されていないということですね。そこで、来年、裁判員制度が実現すれば、こういうシステムを変える大きなきっかけになるのではないか、と期待しています。

毛利　僕は、裁判官が市民の名を借りて、本来すべき仕事をするのではないかと思っています。裁判官が、市民が参加するのですから、とこれまで言えなかったことを検察官に対して言うのではないか、と期待しています。

野平　裁判員制度については、まだどうなるか、やってみないとわからないところもあります。ただ、やはりこの事件を通じて感じたのは、裁判官の権力基盤が弱すぎると思うのです。裁判所をもっと権威のあるものとして、我々が支持し支援することです。今の裁判官たちには自信を持って、えん罪をなくすのだ、最後の砦となるのだという覚悟が足りないように思います。その覚悟ができれば、裁判員制度がはじまることによって、国民の直接の支持のもとで、権力基盤を持ち得れば、裁判がかわるかもしれない。

小池　さらに、裁判員制度になれば、裁判官は、裁判員に刑事訴訟の原則を説明しなければならない。例えば、「推定無罪」というのはどういうことか、ということを説明することによって、自ら実践して欲しい。「推定有罪」になっている現実に抗して、「推定無罪」原則を獲得して欲しいと思いますね。

　今日は、ありがとうございました。

（2008年8月19日、野平法律事務所にて開催）

対談　志布志事件の問題点とその背景

3 映画を撮りながら思ったこと

映画『つくられる自白』をめぐって

池田博穂
映画監督

　戦前も戦後も、日本ではたくさんのえん罪事件が発生している。そこには確かに事件が存在していた。絶対にあってはならない警察・司法の単純な過ちやミスで無実の罪をきせられた人も多いし、恣意的に貶められた人もいる。しかし、志布志事件では、事件そのものが存在しなかったのである。完全にでっち上げられたのである。誰が、何のために……いまだその解明はなされていない。警察は「適正な捜査だった」とし、関係者の処分は信じられないほど軽く、一体となった検察は処分などどこ吹く風という

ありさまである。

　取材中に、事件のさまざまな謎に答えを与えてくれる話を耳にしたこともあった。かなりの確率で真実であろうと思われたが、裏も取れず当事者の証言もないので作品に入れることはできなかった。作品が完成した今でも思うのは、「警察の暴走と司法の怠慢」だけで起こされたものではなく、もっと根深く大きな問題を抱えた事件ではないかということである。

　八海事件をモデルにした映画『真昼の暗黒』のラストシーンで主人公が、「まだ、最高裁がある！」と叫ぶ。当時はこれを希望の絶叫と聞いたが、今、同じ言葉を聞くと、欺瞞性を感じるのは私だけだろうか。司法・警察のみならず、日本の社会が危険な曲がり角にさしかかっているのである。

　映画のシナリオ作りで毛利甚八さんと志布志市を訪ねたのは、2008年2月の末だった。毛利さんは事件の当初から取材しており、関係者の信頼も厚いということでシナリオを担当し、私は映画的にサポートした。

　川畑幸夫・順子夫妻が経営するホテルに荷を預け、早速、懐集落に向かった。懐集落の人々はとにかく熱かった。世話役の藤山忠さんの家に集まってくれた人々は、無罪が確定して1年も経つのに、その怒りはますます大きくなっていた。

　懐は山深く静かな10世帯足らず人口20人の小さな集落だ。1日のうち外の人間が何人訪れたかも簡単にわかるほどに、隔絶されている。この集落に最初に住みついたといわれるのは懐家で、その末裔である元被告の俊裕さんによると、戦国時代のことだという。以来、営々と山間地を開墾し耕してきたのである。その純朴な人間性に触れ、生活を破壊されプライドをズタズタにされた心情を思うとき、私にもとめどない怒りがこみ上げてきたのである。

　思えば私が映画を志したのも、えん罪と関係がないわけではない。小学校5、6年だったと思うが、親父に連れられて山本薩夫監督の『松川事件』を見たとき、仙台高裁前の圧倒的な大衆のシーンが脳裏に焼きついた。さらに、山本監督は執念を燃やし、同じ松川事件を題材に『にっぽん泥棒物

語』という傑作喜劇をものにする。土蔵破りの義助が言う。

「考えて見ると、おら、今日まで随分嘘をついたもんだが、おら達を捕まえる警察のえらい人達が、おら達より嘘つきつうのは、こりゃどういう訳だべ、嘘つきは泥棒の始まりつうにな」

この義助役の三國連太郎が、志布志の人たちが言う「嘘は警察のはじまり」と同じようなセリフを話すと場内は大爆笑であった。そう、警察は昔から大嘘をつき通して、国家や何者かの利益を守ってきたのである。

撮影が始まった。日弁連からは時間をやりくりして担当の弁護士が立ち会ってくれ、再現や声の録音など、ほとんどの場面にも出演してくれた。その演技力には敬服である。

警察が開かれていないことを実感することもあった。初日だったか、志布志警察署前で撮影していると「何してるんですか」との声——私とプロデューサーの森田さんがあいさつに行くことになった。如才のなさそうなソフトな感じの署長と若いがいかにも官僚的な補佐役が出てきた。「取調室を見せてほしい」、「代用監獄を見せてほしい」、「それもだめなら刑事部屋を……」。すべてのらりくらりと拒否された。警察でお茶をごちそうになったのは初めてだったが、翌日からの警察署シーンはグーンとやりやすくなった。撮影に付き合ってくれていた川畑幸夫さんが言うには、「普段なら本道に出るパトカーは一時停止しないのに、今日はヤケにていねいに一時停止してるよ」、ということだった。

仕上げに入ってもこんなことがあった。代用監獄の映像を、あちこち探して発見したが該当警察署の許可を取ってくれという。しかし警察から県警や警視庁へとたらいまわしされた挙句に拒否。なぜ警察施設を国民に公開できないのだろうか。

ドキュメンタリーの撮影には、さまざまなハプニングが付きまとう、そして大きな感動も起こる。

撮影したが作品ではほとんど使わなかったシーンが、四浦地区の花見である。当日まで藤山忠さんが、撮影に対する四浦地区の人々の反応を気に

していたが杞憂であった。何事もなかったように、以前どおりの地区の仲間だった。まだまだ事件の真相を知らず偏見で見る人もいる中、ホッとすることだったに違いない。懐俊裕さんの小学校からの同級生が言った。「俊裕は昔から、喧嘩が弱く泣き虫だった。でも今度はよく頑張った」──追い詰められて自殺未遂を図った後、無罪を勝ち取った懐さんへの最大の賛辞だった。結局、花見シーンは荒天のため本編には入れられなかった。

　この日、もう一つの事件が起きていた。インタビューを予定していた藤元いち子さんが風邪でダウン、肺炎寸前で寝込んだのである。そして翌日、インタビュー拒否の電話が入った。最初に逮捕されたいち子さんのインタビューが取れないと一大事、作品の構成も練り直さないといけないかもしれない。ご主人の安義さんや「住民の人権を考える会」の一木法明会長の説得にも頑として聞かない。万策尽きた私たちはとにかく懐集落に行ってみよう、と出かけた。ところが、藤元家にいち子さんはいない。永利忠義さんのお宅にいたのである。

　毛利さんが、「応援歌『灰色の壁を越えて』（本編挿入歌）を歌い、気分がほぐれたところで、雑談風に撮ろう」と提案した。作戦はまんまと成功。ところが、今度はいち子さんの話が止まらない。速射砲のごとくの早口で、結果は本編でご覧の通りである。これは、いち子さんの、燃え盛るような怒りの表現なのである。

　「住民の人権を考える会」と周辺の活動は、できるだけ描こうと思っていた。松川事件で連帯が勝利の大きな力になったように、志布志事件でも大きな役割を果たしたからである。山下邦雄さんをはじめ逮捕された人々は、「住民の人権を考える会」がなければ無罪を勝ち取ることはなかったという。家族との面会が禁止される中、この会の活動は大きな光だったのである。

　その中でも拘禁中の谷田則雄さんの家族を思う心と、この会とのかかわりは、感動的である。手元にある谷田さんのインタビューの書き起こし原稿から以下紹介する。

「毎日ですよ、辛いのは。私が逮捕されたとき、オヤジが危篤状態だった。私がここにいる間に、どうこういうことがあるといかんかなぁーって思って。新聞見る時は、先ずお悔やみ欄ですね。お悔やみ欄を、毎日毎日見ていたんです」

「釈放の時は、鹿児島にいる従兄弟の子どもが迎えに来てくれたんです。そして帰って病院に行ってお父さんの顔を見たときは、本当に嬉しかったですね。こういう嬉しいことは、今までなかったです。お前は今か（帰ってきたか）……とにっこり笑って迎えてくれましたからね。何よりあれが一番嬉しかったです」

そして、谷田さんが、本編にあるように「住民の人権を考える会」に力づけられたと絶句しながら語る様には、私たちスタッフも感動し大きな力をもらったのであった。

事件を通して、殺されたとしか言いようがない人もいる。山中鶴雄さんは、集落でサツマイモなどを栽培して奥さんと２人でつつましく暮らしてきた。山中さんは、誰かが置いていった焼酎をもらったものとされて逮捕された。75歳という高齢にもかかわらず186日も拘束され、その後肺がんが悪化し亡くなったのである。周りの人の目には、急激に悪化していくのがわかったという。そして亡くなる前日には病院で裁判官の出張尋問を受け、「やってない」と声を絞り出すのがやっとだったという。誰が山中さんの命の責任を取るというのか。山中さんの墓前にひざまずく奥さんの姿を見て、無性にやりきれない気持ちになった。

永利忠義さんは、『つくられる自白』の完成披露試写会の日、脳内出血で旅立った。事件がでっち上げられた当初、忠義さんは集落をうろつく警察官に太鼓をたたき、「懐に来ている刑事はここへ来い」とカラオケ用マイクで叫び怒りをあらわにした。そして奥さんのひな子さんを背負い裏山に避難した。私たちは、その状況を再現したくお願いに伺った。

以下は、任意取調べ後、体調を崩し定期的に輸血が欠かせなくなった忠義さん、ひな子さんと毛利さんのやりとり。

忠　義「元気があれば、太鼓たたいたりして録音するんよ。元気がないのね〜」

毛　利「元気になってください。もう暖かくなるし」

忠　義「もう頭がこう冴えないんです。もうほんと元気がない……山に連れて行って、撮影して、うちが太鼓たたいて叫んだこともやりたいけどね」

ひな子「夜眠れないでしょ、頭に上がって（頭に血がのぼって）叫ぶんです。俺のもとの体を返せ、くされ刑事ども〜って」

　困っていることを聞いた。

忠　義「国の保障、生きとる間は。うん、保障、生活の保障をね、してもらいたい。そんな月に何十万もいらんけどね。もう血が通わんし、頭の働きが悪いわけ……」

　忠義さんも鶴雄さんも、殺されたとしか言いようがない。この責任は補償、原因の究明なくしては償いきれない。それでも元被告・関係者の名誉回復問題は残されたままである。

　今こそ、元被告と遺族らが国と鹿児島県相手に起こしている損害賠償請求訴訟に、完全勝利することが大事である。不完全な形では、あたかも事件が存在したかのように受け取られかねない。そしてえん罪の温床といわれる代用監獄の廃止、取調べの透明化を図る全面可視化の実施は急務である。

　宣伝カーで回る志布志の人々と連帯し、大きな運動を興していくことが必要であると思う。もちろん私も、怒りをもって一緒に闘うつもりだ。

（いけだ・ひろお）

※ドキュメンタリー映画『つくられる自白―志布志の悲劇―』について
　　脚本：毛利甚八・池田博穂　　監督：池田博穂
　　企画・製作：日本弁護士連合会　　制作：（株）青銅プロダクション
　　（本編45分・短縮版12分・2008年度作品）

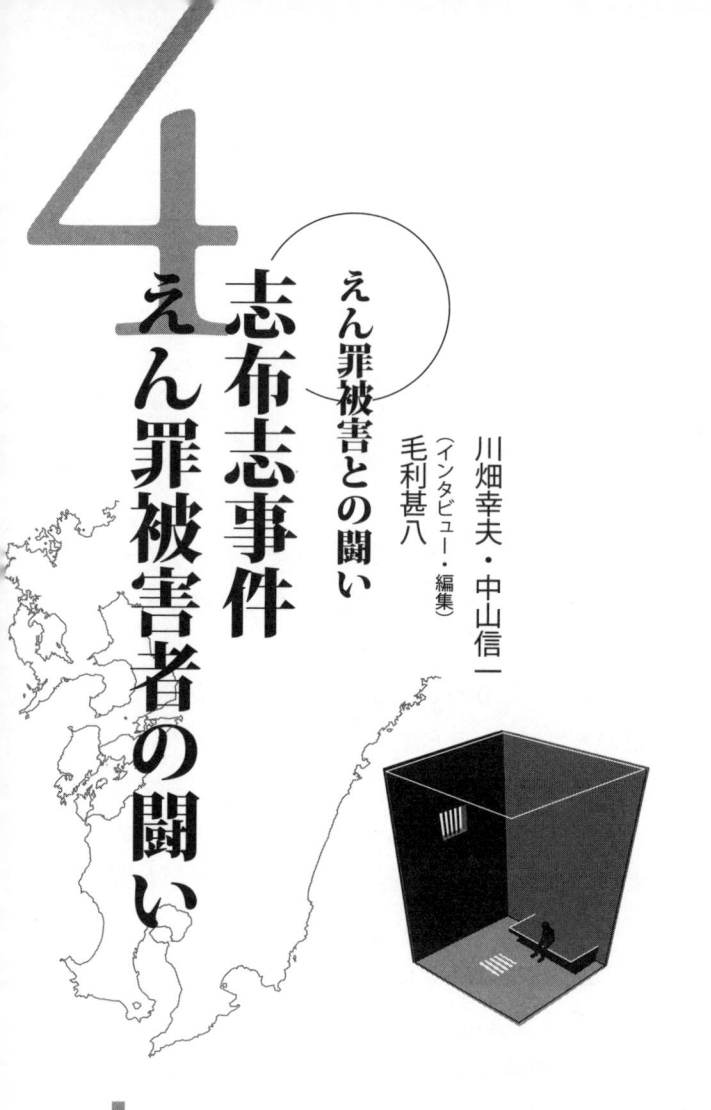

4 志布志事件
えん罪被害者の闘い

えん罪被害との闘い

川畑幸夫・中山信一
（インタビュー）
毛利甚八（編集）

> 警察の捜査の恐ろしさを少しずつでも伝えていきたい（川畑幸夫）

　私は、事件が起こった翌年の2004（平成16）年から、買収会合事件の裁判傍聴に行きながら司法イベントに参加したり、捜査の可視化を訴えるステッカーを貼った車に乗って街宣活動を続けてきました。
　2004年の11月に弁護士会のシンポジウムに初めて出たんですが、その時に「可視化」について書かれた本を読んで、可視化のことを理解した

川畑幸夫
ホテル経営者。いわゆる「踏み字事件」の被害者。

んです。そして可視化を訴える看板をホテルの横に掲げて、車を買って可視化のステッカーを貼り街宣活動をするようになりました。

その後、福岡で起こった引野口事件の支援や大阪の裁判所所長がオヤジ狩りに遭った事件で、少年がえん罪を受けた事件のシンポジウムなどに出席して、踏み字事件のことを語っています。

引野口事件の片岸みつ子さんは、代用監獄のなかで同房者のスパイ問題があったわけですが、私が勾留された時も、取調べの時に捜査官に「同房の○○くんは、『やった』と言ってないか？」などと聞かれたことがあるんですね。そういう体験を話して、「留置場のなかで、冗談でも『やった』と言ってはいけない」と話します。

テレビを見ていてニュースで志布志事件について警察がおかしなことを言っているのを聞くと、そのまま車に乗って2時間かけて鹿児島の天文館（鹿児島一の繁華街）に行き、街宣活動をしたりしてきました。

「志布志署署員はいい人たちだと思う。だけど、志布志事件を指揮したK署長は悪いんです」

そういうことをマイクを持って訴えてきたわけです。

濵田元警部補が任意捜査のなかで、私に家族の名前とセリフを書いた紙を踏ませた行為（踏み字）は強引に自白させるためにやったとしか思えま

せん。

　踏み字をされた時は許さんと思っていましたが、裁判などを通じていろいろなことがわかってきて、今は見方が変わりました。

　濵田元警部補も上からやれと言われて、出世するためにやったんだと。そして今は濵田だけが責任を負わされていると感じられるようになりました。彼も組織の被害者なのかもしれません。

　踏み字国家賠償請求訴訟事件は、2007年の1月に鹿児島県と国に合計60万円の支払いを命じる判決が下されて、私が勝つことができました。

　あの後、もし濵田元警部補が、私に直接謝罪に来てくれれば、その後の告発は取り下げていたと思います。でも、彼は来なかった。組織のために来られなかったのだと思います。

　刑事告発をする時に、踏み字国賠訴訟でお世話になった弁護士さんが「僕らは訴訟につけないんです」とおっしゃいました。でも、「私ひとりでもやります」と答えました。

　その後、福岡高等検察庁が濵田元警部補を特別公務員暴行陵虐罪で起訴するわけですが、その裁判の途中で本当に驚いたことがありました。福岡高検のM検事と裁判の前の打ち合わせをしたのですが、1回目の時は私も検察が信じられなくて、断った上でやりとりをテープに録らせてもらったのです。その時はM検事は大変紳士的で優しかった。ところが2回目の時に、私が「今回はテープを録りません」と言った途端にM検事は豹変したのです。

　録音しないとわかった途端、M検事の目がギラリと光って、両手を広げ「川畑さん、ざっくばらんにいきましょう」と2回も言いました。

　そして、M検事は「あなた踏み字が10回だと言ってるが、あなたの言ったのは全部ウソだよ。濵田の言ってる1回が本当だ。10回と言い張るなら逮捕する。まだ公判まで時間があるから、あなたとは何回でも話すよ」。

　そう言われたんです。あまりのショックに吐き気がしました。弁護士さんと相談した結果、公判直前の2007年12月26日の夕方に記者会見で、

検事に脅されたいきさつをしゃべったんです。

　ドキュメンタリー映画『つくられる自白―志布志の悲劇―』に使われた検事からの「いいかげんなことをしゃべらない方がいいよ」という電話は、その翌日の朝にかかってきたものです。テープがあるかないかで、こんなに違うのか。警察と検察はぐるだと思いました。可視化が必要だと、その時にあらめて思いましたね（濵田元警部補は福岡地裁で2008年3月有罪判決を受け、2008年9月福岡高裁は控訴棄却）。

　事件全体を振り返ってみると、もし私や中山（信一）が会社勤めで、アパートやマンション暮らしだったら、これだけ抵抗できたかどうか。勤めを休みたくない、アパート代を払わなければならないということで代用監獄や取調べから逃れるために自白をしてしまったかも知れません。自分で商売をしていなかったら、事件を認めていたかもしれなかった。

　そして、やはり自分が何もしていなかったから、こんなに頑張れたのだと思います。もし誰かに焼酎の1本でも渡した過去があったら、こんなに抵抗できなかったでしょう。何もしていないから、裁判官は絶対にわかってくれると、踏み字国賠訴訟に踏み切り、刑事告発までしたんです。

　「国家と闘うのは容易じゃないから、あなたがみじめな思いをするだけですよ」と言う人もいました。だけど勝ち負けじゃないんです。訴える勇気があるかどうかです。

　もし何もしなかったら、選挙の度に孫子の代まで「あの人たちは選挙違反で疑われた」と言われてしまう。誰がやれと言ったわけでもない、夫婦2人で闘って来ました。ただ夫婦2人でやってきたわけではなくて、自分の裁判の時もたくさんの人たちがやってきて、傍聴してくれました。時々、自分の裁判開始を待つ間に、よその裁判をのぞくことがありますが、傍聴が2、3人です。あれじゃ、裁判をする人は元気が出ないですよ。

　裁判官も傍聴の人がたくさんいれば、きちんとやると思う。踏み字国賠訴訟を担当した裁判官は、公判の前に「何人来てますか」と聞いてくれま

した。そして「遠くから来てくれているから、全部座れるようにしてあげるからね」と補助椅子を入れてくれました。

　よく知り合いの警察官の人から電話がかかってきて「組織を立て直すために川畑さん、頑張って」と言われました。私たちは夫婦で闘っているのに、あなたはどうして立ち上がらないんですか？　そう言うと、「自分の子供たちを育てなければいけないので、それはできないんだ」と言うんです。今は多くの人が事件や私のことを知っています。昔は「可視化」のステッカーを貼った車に乗っているのを見て、「川畑は狂った」という噂もありましたが、今はそういうことはなくなりました。「可視化」のステッカーを貼った車で走っていると、最近は手を振ってくれる人が増えました。拡声器で「ありがとうございました」と答えるんですが、そういう時は勇気が湧いてきますね。百人の人に一度にわかってもらうのは難しいけれど、一人一人に訴えていく。数じゃないんだと思ってやっています。

　この事件に巻き込まれて闘ううちに、自分は人間的に変わりましたね。事件までは、何かおかしいと思うことがあっても、「他人のことだから、いいか」と黙っていましたが、今は、その場で「それは違う。私はこう思う」と言いたいことを言うようになりました。そして日常生活で妻を怒ったりすることもなくなりました。毎朝「母ちゃん、おはよう」とあいさつします。照れてるのか、妻は困ったような顔をしてますね（笑）。

（かわばた・さちお）

政治家たちはまだ警察を怖がっている（中山信一）

　私は2007年2月の無罪判決の後、再び県議会選挙に立候補して3月14日に再当選させていただきました。

　それから県議会で、4回ほど質問をしました。2007年の6月議会で、初めて質問したのですが、事件当時の稲葉県警本部長はすでに異動されていました。

　事件発生から3代目にあたる藤山県警本部長が、1回だけ、県庁のなか

中山信一
鹿児島県議会議員。
395日もの間、身体拘束を受けた。

ですれちがった時に「すみませんでした」と謝罪らしきセリフを言われました。しかし、いまだに県議会のなかでの正式な謝罪はありません。本部長なら取調べ時に供述内容の要旨を記録した取調小票(こひょう)などの点検もできるはずですが、いまだに「適正な捜査だった」の一点張りです。トカゲの尻尾切りで、警察のキャリアは責任を取ってない。それが残念です。I警部は県警の中枢で仕事をしているようですし、K志布志署署長は定年退職をして退職金をもらったようです。それもおかしい。

　I警部は私が当選した2003年の投開票日に、鹿児島市から志布志市にやってきていきなり対立候補に情報をもらっているんです。最初から私を標的にしていたんですね。そして選挙の2年ほど前に四浦懐集落で行われたイタシキバレ（イタシッバレとも言う）という結婚式の後の顔見せの宴会に私が出席した事実を、2年後の選挙の買収に移し替えて事件をつくった。そして「事件はなかった」という真面目な警察官は捜査を外されているんですね。

　私の場合は任意同行も何もなしに、誰かの情報を鵜呑みにしていきなり逮捕されています。情報があれば、金の流れやアリバイなどの検討をして客観的証拠をもとに捜査を進めるべきでしょう。

　田原総一朗さんに言わせれば、警察にしてみれば統一地方選挙は4年に1度のオリンピックで、私たちの逮捕と立件は警察にとっては金メダルだ

ったというんです。

　結局、どういう情報のもとで、志布志事件の捜査を誰が指揮したのか、そういう県警本部のなかの力関係や構図が明白になっていない。K志布志署署長やI警部の暴走だったのかどうか、その上はどういう判断だったのか、まったくわからない。四浦の元被告の方々も、その真相を知りたいと考えているはずなんです。

　しかし国民を守る立場の警察が、事件をねつ造した。ない事件を指揮した者がいたということは、警察にとって国家の恥にもなるわけですから、それが謝罪がなかなかできない理由なのかな、と感じますね。

　これからも県議会で追及していきます。周囲の県議会議員の人たちも国会議員も、この事件の恐ろしさやおかしさをわかっているはずですが、やはり警察が怖いのではないでしょうか。

　私たちは、たくさんの人が見守ってくれて、裁判で無罪を勝ち取ったわけですが、普通なら潰されていたと思います。私にしても元被告という呼び名はこれからも消えることはないですし、まだ警察を信じている人たちも多い。私たちが無罪になったから終わりということでなく、今後、こういう事件が２度と起きないように、捜査の全面可視化に向けて県議会議員として活動していきたいと思います。

（なかやま・しんいち）

（インタビュー〔2008年8月実施〕・編集：もうり・じんぱち）

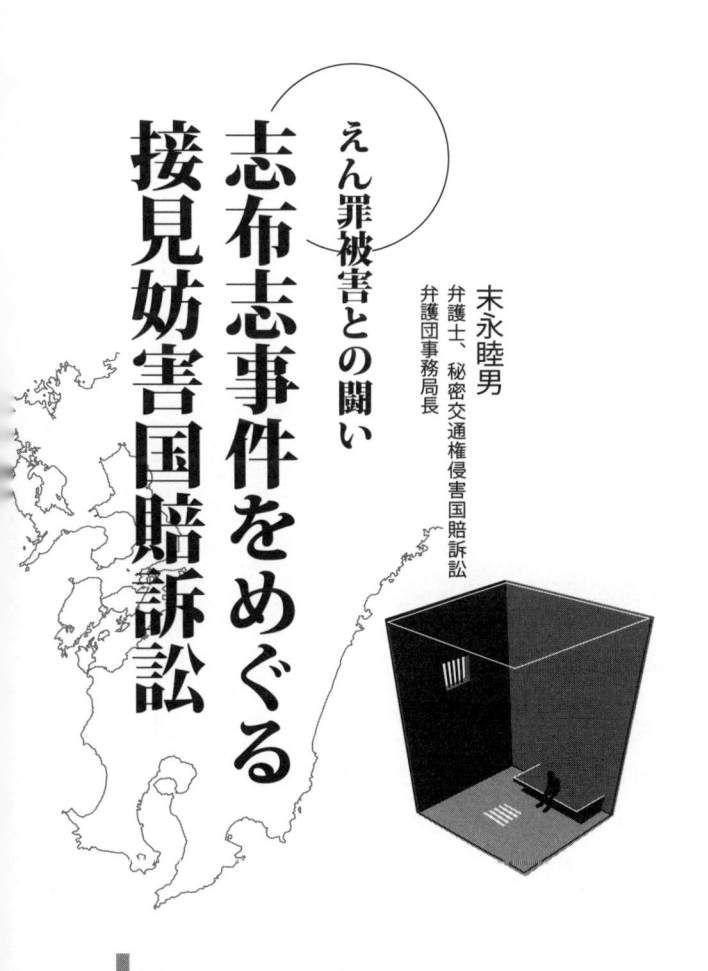

志布志事件をめぐる接見妨害国賠訴訟

えん罪被害との闘い

末永睦男
弁護士、秘密交通権侵害国賠訴訟
弁護団事務局長

秘密交通権の保障の意義

　刑事訴訟法39条1項は、「身体の拘束を受けている被告人又は被疑者は、弁護人又は弁護人を選任することができる者の依頼により弁護人となろうとする者と立会人なくして接見……することができる」と定めて、身体の拘束を受けている被疑者等と弁護人等との立ち会いのない接見交通を認めている。この権利は、憲法34条前段および37条3項の弁護人依頼権

に由来する「秘密交通権」と呼ばれる権利であって、身体を拘束された被疑者・被告人等の弁護人依頼権の中核をなす権利である。被疑者は犯罪の嫌疑を受け、捜査機関から捜査の対象とされている者であり、また、被告人は犯罪を犯したとして公訴を提起された者であるが、これらの者は自己にかけられた嫌疑を晴らすためや早期の身柄釈放を求めるなどの自己の正当な利益や権利を実現するために弁護人に心おきなく相談し、弁護人から助言や支援を十全に受けることが必要不可欠であるところ、そのためには、被疑者・被告人と弁護人との接見内容が捜査機関に覚知されることがあってはならないのであり、そのような趣旨で設けられた規定が刑訴法39条1項である。この秘密交通権は、その趣旨からいって、接見時のみならず接見後であっても保障されなければならないことはいうまでもないところである（同旨：大阪地方裁判所平成12年5月25日髙見岡本国賠訴訟判決、大阪地方裁判所平成16年3月9日後藤国賠訴訟判決、大阪高等裁判所平成17年1月25日後藤国賠訴訟控訴審判決）。

志布志事件における組織的、継続的な秘密交通権侵害

　ところが、志布志事件の捜査において、2003（平成15）年5月13日〜同年8月初め頃にかけて捜査機関（鹿児島県警および鹿児島地方検察庁）は、組織的、継続的に弁護人との接見内容を被疑者・被告人より接見直後あるいは間もなく取調べにおいて聴取し、これを調書化した。このことは、志布志事件の刑事事件本体の事件が起訴されて検察官より上記の調書が証拠請求されて開示されて初めて判明したが、判明しただけでも、接見状況を取り調べられた被告人等の人数は約20名、調書の数は75通、接見状況を調書化された弁護人の数は14名に及んだ。

　調書化された内容は、弁護士が「お金や焼酎をやったことがない」、「誰も家に来なかったと言え」と言った、弁護士は「正直に話をするとここから出られない」と言った、私が「認めます」と言った途端、弁護士の顔色が変わって、怒ったような顔つきになった、本当のことを話していいか迷

わせるようなことを言って、困らせる弁護人で自分のためには何にもならないなどといった内容で、弁護人が捜査妨害を図ったり、虚偽の自白を故意に被疑者・被告人に勧めたりしたとか、あるいは、接見内容を歪曲したり、弁護人に対する悪口を記載して被疑者・被告人と弁護人との信頼関係の破壊を狙った内容のものばかりであった。

国賠訴訟提起の経緯および勝訴判決の獲得

弁護人らは、被疑者・被告人と弁護人との接見内容を組織的、継続的に捜査機関が取調べをなして来たことに驚愕し、このようなことがなされれば、今後、無実の罪で疑いをかけられた被疑者・被告人が弁護人に相談して早期の釈放を実現し、えん罪を晴らすことが不可能もしくは著しく困難となり、弁護人としてもこれに応える弁護活動がまったくできなくなるとの危機感を持ち、国・県に対し、秘密交通権侵害による国賠訴訟の提起を検討し、決意した。

この訴訟について、鹿児島県弁護士会は臨時総会において支援決議をなし、さらに、全国から620名余りの弁護士に代理人就任をしていただき、また、日弁連接見交通権確立実行委員会には訴訟活動に実際に携わって支援していただくことになった。これらの支援を受けて、接見内容を聴取された弁護人のうち11名（鹿児島県弁護士会所属10名、宮崎県弁護士会所属1名）が2004（平成16）年4月に1人あたり1,100万円の慰謝料等の支払いを求めて国（鹿児島地検）、県（鹿児島県警）を相手取って鹿児島地裁に本訴訟を提起した。

国・県は取調官の行った接見内容の取調べに違法性はないなどとして全面的に争ったが、鹿児島地裁は、提訴後ほぼ4年経過した2008（平成20）年3月24日、原告11名全員につき、秘密交通権侵害の事実およびその違法性を認めて一人あたり50万円、合計550万円を国・県に対し連帯して支払うよう命ずる判決を言い渡し、この判決は、国・県が控訴することなく確定した。

本訴訟における争点と判決内容

　本訴訟において、被告国・県は、検察や県警がこのような接見内容の取調べをなしたのは、当初「否認の慫慂」すなわち、違法な弁護活動の有無の確認およびその証拠の収集が目的であり、続いて被疑者・被告人の自白の信用性増強（否認供述の信用性減殺）の目的が加わったと強弁し、接見交通権の保障は接見時だけであって接見後には及ばないと主張したが、そのような考え方は取らないと裁判所が裁判所としての判断を表明するや、被告国・県は、被疑者等が自発的に接見内容を供述する場合や捜査権の行使が接見交通権の行使との間の合理的な調整の範囲を超えていないと認められる場合（（ⅰ）供述に変遷のある場合、（ⅱ）接見交通権の濫用的行使の場合——弁護人が接見の機会を利用して否認の慫慂等捜査妨害や証拠隠滅等の違法または不当な活動を行ったと認められる場合）には捜査機関が接見内容を聴取することが許されるなどと主張して新たな枠組みを提示した。

　しかし、鹿児島地方裁判所は、判決において、①原告らには、弁護人固有の権利として被疑者および被告人との接見交通権が認められる、②刑訴法39条1項の趣旨からすると、同条項の「立会人なくして」とは、接見に際して捜査機関が立ち会わなければ、これで足りるとするというにとどまらず、およそ接見内容について捜査機関はこれを知ることができないとの接見内容の秘密を保障したものといえ、原則的には接見後その内容を捜査機関に報告させることも許されないといえる、③被告国・県は、被告人らが自発的に接見内容を供述した場合は、接見内容を聴取できる旨主張するが、被告人らの自発的供述によっても弁護人固有の接見交通権の放棄があったとは認められず、これに対する侵害がなかったとはいえない旨判示して、原告らの主張をほぼ認め、原告（弁護人）らの弁護活動に捜査妨害等の違法な活動はなかったと認定した。

本訴訟提起の意義と今後の課題

　志布志事件の刑事事件本体について、鹿児島地方裁判所は、2007（平成19）年2月23日、起訴された4つの会合事実そのものの存在につき証明がないとして被告人12名全員を無罪とし、この判決は控訴なく確定した。

　しかし、その捜査においては、任意同行段階からいわゆる「たたき割り」といわれる取調べ手法が用いられ、その後身体を拘束された被疑者・被告人らは代用監獄（警察留置場）に勾留されて、24時間監視される中で弁護人以外の者との接見も禁止された上、密室の取調室で長時間苛酷かつ違法な取調べを強いられた。捜査側はこれらの手法に併せて、弁護人との接見内容を聴取することにより、弁護人と被疑者・被告人の信頼関係の破壊を狙い、同人らを孤立させるべく自白を被疑者らに迫り、さらに、得られた自白の維持を狙ったのであった。要するに、本件の組織的、継続的な秘密交通権侵害は、懲戒請求あるいはこれを切り札として弁護活動を抑制するのが目的であり、これにより被疑者らの自白を獲得、維持して証拠の脆弱な本件刑事事件を何が何でも起訴・有罪に持ち込もうと検察・県警がなりふりかまわず焦った究極の結果であった。そのような意味では我が国の捜査史上前代未聞の出来事であった。

　これまで接見交通権侵害が問題となった裁判例は、接見の日時・場所・時間の制限がどのような場合に、どこまで許されるかという刑訴法39条3項の事案であったが、本件は、被疑者・被告人の弁護人との接見内容につき取調べそのものが許されるのか、許されるとすればどのような場合か、という刑訴法39条1項の保障内容が初めて真正面から問われた裁判であった。

　本判決において、裁判所が上記①～③に記載のとおり判示したことは、実質的弁護権の形骸化、空洞化を決して許さず、秘密交通権の確立を図ろうとした弁護団にとってきわめて大きな成果が得られたものと考えており、

また、刑事弁護に携わる全国の弁護士にいささかなりとも希望と活力を与えることができたのではないかと自負している。

　もっとも、本判決が、例外的に、捜査妨害的行為等接見交通権の保護に値しない事情等特段の事情がある場合には接見内容を聴取できる場合があると判断した点については、その運用の仕方如何により恣意的に濫用されるおそれがあるから、今後の課題として、我々は、今後の現場での運用を注意深く見守り、個々の弁護活動においても秘密交通権侵害がなされないよう最大限の努力を継続していかなければならないと決意を新たにしている。

（すえなが・むつお）

えん罪被害との闘い

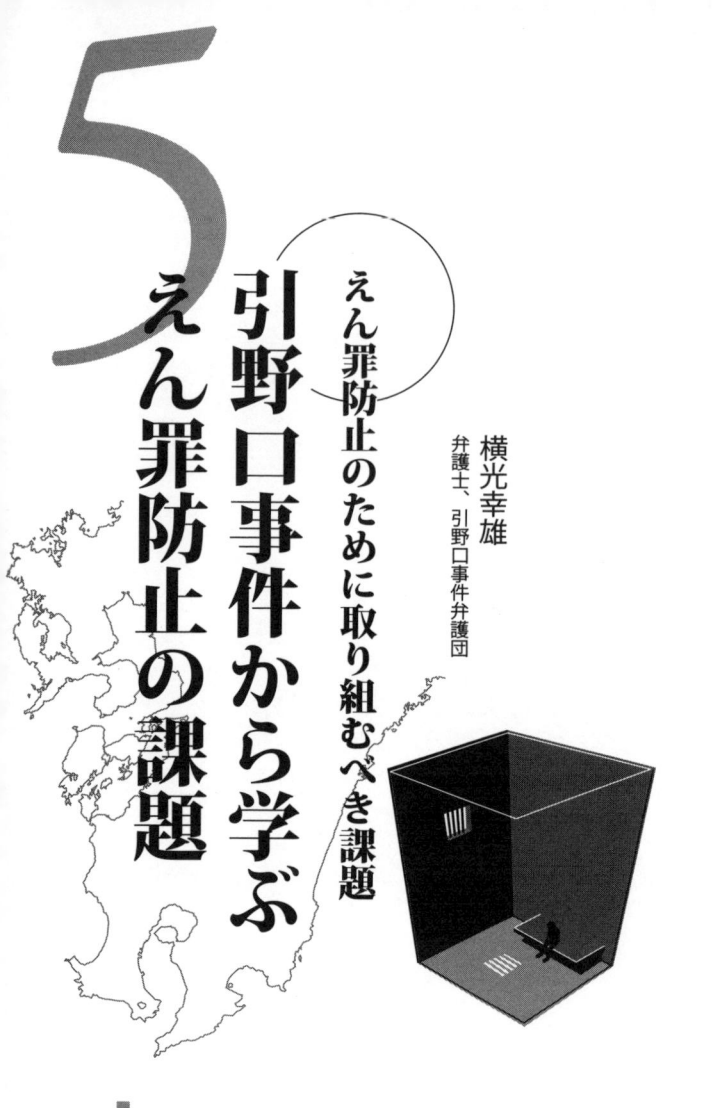

5 引野口事件から学ぶえん罪防止の課題

えん罪防止のために取り組むべき課題

横光幸雄
弁護士、引野口事件弁護団

引野口事件とは

 2004（平成16）年3月24日、北九州市八幡西区引野口で片岸みつ子さんの実家に火災が発生し、焼け跡からみつ子さんの実兄・古賀俊一さんの死体が発見された。俊一さんの胸には刺し傷があり、警察は殺人・放火事件として捜査を開始した。

 みつ子さんは、俊一さんの生前、身の回りの世話をするために、俊一さ

ん方に出入りしていたところ、警察はみつ子さんの犯行を疑い、まずは逮捕して自白させようとの意図のもとに、みつ子さんが火災の翌日に俊一さんの預金を引き下ろしたのが窃盗罪になるとして、5月23日に別件逮捕した。しかし、みつ子さんが殺人・放火の犯行を否認すると、さらに2年前の親族間のトラブルを掘り起こして、威力業務妨害として再度別件逮捕し、八幡西署に勾留した。そして、この事件の勾留中に、否認を続けるみつ子さんの監房に窃盗、覚せい剤取締法違反の被疑者A子をスパイとして同房に入れ、以後、みつ子さんの犯行関与を探らせ、連日A子を事情聴取していった。

この中でA子は、「みつ子さんが房内で『兄の首と胸を刺した』と言った」と警察に報告をし、検察官はこのA子の供述を柱に、みつ子さんが殺人・放火の犯人であるとして公訴を提起した。これに対し、弁護団は同房にスパイを送り込むような捜査は違法であり、A子の供述は証拠排除されるべきだと主張し、①被疑者から供述を得るために「スパイ」として送り込んだ同房者を利用した捜査の適法性およびこの同房者から得られた「犯行告白」供述の任意性、②「犯行告白」の信用性（秘密の暴露＝首の傷の生体反応の有無）が主な争点となった。

判決

2008（平成20）年3月5日、福岡地方裁判所小倉支部（田口直樹裁判長）は弁護側の主張をほぼ認めて、みつ子さんに殺人・放火について無罪を言い渡した。

判決は、犯行告白の入手過程の問題点として、①警察が同房者を意図的に送り込んで同房状態にしたもので、代用監獄への身柄拘束を捜査に利用したとの謗りを免れない、②被告人は同房者を介して取調べを受けていたのと同様の状況だったと言え、留置が捜査のため乱用されていたと言わざるを得ない、③被告人にすれば、同房者に話した内容が犯罪事実認定の証拠となり得ることなど想定しておらず、黙秘権や供述拒否権についての配

慮が不足している、④同房者は一私人であり、捜査官のような事情聴取能力などがなく、自身も捜査機関に自らの事件の処分を委ねている立場であり、無意識的であれ、捜査機関に迎合する恐れが内在すること、したがって、犯行告白には供述の真実性を担保する状況的な保証はなく、むしろ虚偽が入り込む危険性が指摘できる等と指摘した。

さらに、そもそも本件捜査では自白が唯一の証拠となり得る事案で任意性の担保に特段の留意を払うべきで、検察官は捜査指揮にあたり慎重な配慮を要したにもかかわらず本件のような捜査手法をとったのであるから、「犯行告白」の証拠能力を認めることは将来の適正手続確保の見地からも相当でない、と捜査のあり方を厳しく批判して、「犯行告白」部分を証拠から排除するとの判断をした。

この判決に対し、検察は控訴することができず、一審でみつ子さんの無罪が確定した。

本件判決の意義

本件判決は、同房者を利用した捜査が違法であるとして証拠排除した初めての判決である。警察は同房者からの事情聴取を任意捜査として広く実施しているが、かかる捜査が無前提に許されるものではなく、その捜査手法そのものに重大な問題があることが明確になった。本件判決からすれば、捜査の適法性を立証しない限り同房者の供述を証拠採用すべきでないということにもなり、今後の捜査・公判に大きな影響を及ぼす意義のある判決ということができる。

代用監獄の捜査利用とえん罪

本件でみつ子さんは、八幡東署→門司水上署→拘置所→八幡西署→拘置所→八幡西署→拘置所と移監された。警察は門司水上署から拘置所に移監した後に、A子の供述調書を作成し、拘置所から八幡西署に移監した後にA子を同房にし、八幡西署から拘置所に移監した後に再度A子の供述調書

を作成した。みつ子さんを門司水上署から拘置所を経て女子房が一つしかない八幡西署に移監したのも、Ａ子の同房を企図したものであった。警察は、拘置場所を変更することにより、拘置を捜査の手段として利用したのである。

「代用監獄はえん罪の温床」との批判を受けて、2006年に「刑事収容施設及び被収容者等の処遇に関する法律」が成立し、拘置と捜査の分離原則が法定された。しかし、本件の拘置状況からも明らかなように、代用監獄が存続する限り、拘置は警察の捜査の一手段として利用されるのであり、弁護人は、今後も代用監獄の捜査利用の危険性を充分意識した弁護活動をする必要がある。また、警察の捜査支配を打破し、捜査に司法コントロールを及ぼすためには、代用監獄制度を廃止し、拘置所での拘置原則をどうしても確立する必要がある。

取調べの適正化

本件でみつ子さんは自白調書を取られることはなかった。しかし、否認を貫くみつ子さんに対する取調べは苛酷を極めるものであった。取調べは毎日午前9時から午後10時（遅いときには午後11時すぎ）まで続いた。取調べ内容は別件で逮捕しておきながら、もっぱら本件の殺人・放火の取調べをした。また、否認を続けると、子どもたちの職場まで事情聴取に行くぞと脅しをかけた。みつ子さんの夫が死亡した際には、わざわざ葬儀の当日にポリグラフ検査を実施した。みつ子さんが調書の署名を拒否すると、手錠の一方をみつ子さんの片手に、他方を椅子にかけたままの状態で土下座させたりもした。

本件ではみつ子さんが否認を貫徹したため、かかる取調べの実態が中心的な争点となることはなかったが、志布志事件に限らず、否認する被疑者に対しては、このような取調べが常態化しているのが実情であり、取調べの適正化のためには、その全過程を可視化する以外にない。

被疑者弁護の重要性

　本件では勾留時に接見指定が付され、弁護人の接見は1日30分しか許可されなかった。弁護人はこれを人海戦術で乗り切ることにし、4人の弁護人で分担して6カ月の間、台風に見舞われた1日を除いて毎日接見し、否認を続けるみつ子さんを激励した。みつ子さんは接見禁止が続き外部と隔絶された中で、弁護人との接見で子どもや友人からの激励等も知らされ、否認を貫徹できた。一方、弁護人は、この接見の中でみつ子さんから同房者の不審な行動について報告を受け、これについて、証拠開示請求を通じて追及していく中で、警察のスパイ工作の全容を明らかにすることができた。

　本件の弁護を通じて言えることは、被疑者段階の弁護活動こそ、公判での弁護活動を支えるものであるということである。2009年春からは全面的な被疑者国選弁護制度が始まり、弁護人は、必要的弁護事件についてすべて被疑者段階から公判段階まで一貫して弁護活動することになるが、被疑者段階からの弁護活動の重要性を再確認する必要がある。

まとめ

　被疑者の基本的な権利は、黙秘権と弁護人依頼権である。これに対し、捜査側は旧態依然として自白を偏重し、もっぱら自白獲得を目的に、被疑者の身柄を拘束のうえ、黙秘権や弁護人依頼権を骨抜きにすべく、さまざまな工作をして虚偽供述を作出し、その結果としてえん罪を引き起こす。志布志事件も引野口事件も、この基本構造は同一である。

　取調べの全面可視化は、捜査機関に被疑者の権利を保障させ、虚偽供述を排除してえん罪を防止するためにも、自白偏重の捜査を是正させるためにも、是非実現されなければならない課題というべきである。

（よこみつ・ゆきお）

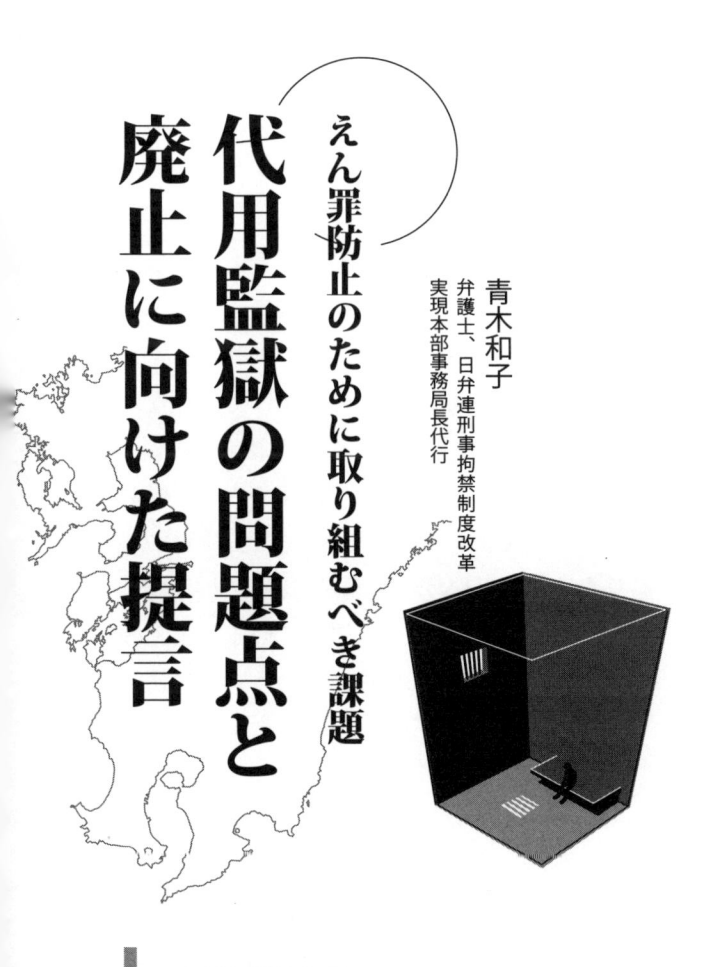

代用監獄の問題点と廃止に向けた提言

えん罪防止のために取り組むべき課題

青木和子
弁護士、日弁連刑事拘禁制度改革実現本部事務局長代行

長すぎる警察拘禁

　イギリスのジャーナリスト、デイヴィッド・マックニール氏は、日本の刑事司法の最大の問題は、警察が非常に長期間被疑者を拘束すること、とりわけそれが弁護人の援助を受けないまま行われていることだと述べている。
　警察拘禁の期間は、イギリスでは、通常24時間（最大72時間延長可能）、フランスも通常は24時間（最大24時間延長可能）、イタリアは24時間、

オーストリアは48時間、台湾は16時間である。これらに対し日本での警察拘禁期間は非常に長い。日本では、警察に逮捕されると、逮捕留置が72時間、その後の勾留は延長されると20日間で、23日間警察拘禁が続くことが多い。さらに、別件逮捕や追起訴などにより、実際には警察拘禁が何カ月にも及ぶこともあり、志布志事件の中山信一さん、シゲ子さん夫妻の警察拘禁も、2人とも101日に及んだ。

逮捕時、すべての被疑者は弁護人を依頼する権利を持ち、そのことが告げられるが、権利があるからといって、実際にすべての被疑者が弁護人を依頼できるわけではない。仮に、逮捕後、早期に弁護人がついたとしても、被疑者が弁護人と会って話ができるのは弁護人接見のときだけで、弁護人の取調べへの立会いは認められていない。弁護人の援助には限界がある。

中山信一さんは、捜査官に「シゲ子さんは認めていて、嘘つきとは離婚すると言っている。認めればシゲ子さんはすぐ釈放できる」と言われて、一度は「逮捕事実に間違いありません」という一筆調書に署名押印した。しかし、幸い、弁護人からシゲ子さんは自白せずに頑張っていると伝えられてその後は否認を貫けたというが、接見禁止で家族にも会えず、弁護人の援助も受けられないまま、警察拘禁中に虚偽の自白をしてしまうケースは、後をたたない。

代用監獄のしくみ

日本で、長期の警察拘禁が認められるのは、代用監獄制度があるからである。被疑者の勾留場所は、刑事訴訟法上、刑事施設とされ（64条1項、207条1項）、これに従えば、勾留された被疑者は、刑事施設である拘置所に入れられることになる。

しかし、警察に逮捕され、勾留される被疑者のほとんどは、拘置所ではなく、警察の留置場に入れられている。これは、監獄法1条3項に「警察官署ニ附属スル留置場ハ之ヲ監獄ニ代用スルコトヲ得」との規定があって、やむを得ず監獄（現行法では刑事施設）に勾留できない場合には、警

察の留置場を監獄（刑事施設）の代わりに使用できることとなっていたためである。これが、本来、逮捕された被疑者を裁判所に連れて行くまでの間、一時的に留め置く場所であるはずの警察の留置場を勾留場所として用いることができる、代用監獄というしくみである。

監獄法は2006年に全面改正されたが、改正後の「刑事収容施設及び被収容者等の処遇に関する法律」（以下、刑事被収容者処遇法という。）14条および15条にも監獄法1条3項と同趣旨の規定が置かれ、代用監獄のしくみは変わっていない。

代用監獄は虚偽自白を生む

裁判所で勾留質問の際に否認したり、検察官のところで否認しても、その後、代用監獄に戻されて、再び虚偽の自白をしてしまうということがままある。志布志事件では過酷な取調べが行われたが、仮に過酷な取調べが行われなくとも、代用監獄では、虚偽の自白がつくられ、えん罪が生み出される。

代用監獄では、警察による身体拘束が24時間中続き、それが何日にも、ときには何カ月にも及ぶ。捜査を行う機関である警察の警察官によって身体を拘束、管理されて全生活を支配されることにより、代用監獄への身体拘束それ自体が、被疑者に対する圧力として働くからである。取調べが可視化されたとしても、この圧力を完全に排除することはできない。

「捜査と留置の分離」は不徹底

1980年に警察の内部で、捜査業務を行う捜査部門と留置業務を行う管理部門とが組織上分離されて捜査と留置の分離がなされ、さらに、刑事被収容者処遇法16条3項に捜査と留置の分離の原則が法律上明確に規定されたという説明がなされることがある。

しかし、刑事被収容者処遇法によっても、やむを得ない場合に、その被疑者についての捜査を担当していない捜査部門の警察官が留置業務である

押送を担当することは認められているというのが国会での政府答弁であり、実際にそのようなことが行われている。また、取調室で、長時間、深夜まで取調べが行われていても、留置部門は捜査部門に対して、取調べの打切り要請を行うことができるだけで、打切りを求める権限はない。法律上、捜査と留置の分離が徹底されているわけではない。

映画の中の劇に、否認していた被疑者が「認める」と言ったら、捜査官がカツ丼をとって食べさせようとするシーンがある。捜査と留置の分離の原則に従えば許されないこのようなことも、実際には行われている。捜査と留置の分離がなされたという1980年以降も、取調室で食事をとらせるなど、捜査官が被疑者の生活に関わる処遇を行ういわゆる面倒見が行われてきたことは、国会答弁でも明らかになっている。

捜査機関と身体拘束の機関との明確な分離が必要

拘置所では、被疑者、被告人の収容業務を担当するのは、収容業務を専門に行う刑務官であり、刑務官は捜査をすることはない。一方、警察の留置担当官は、警察の組織の中で、たまたまそのとき留置業務を担当しているだけであって、留置業務を専門に行うわけではない。捜査部門である刑事課に異動になれば、捜査も行うし、刑事課に配属されている警察官が押送業務を行うこともある。

同じ警察の中での捜査と留置の分離をいくら定めても、捜査官が職務熱心のあまり、留置を捜査に利用しない保障はない。引野口事件は、まさに代用監獄への留置を捜査に利用した事件である。映画の中には、押送中、留置担当官が藤山忠さんに「自白」をすすめる話も出てくる。留置担当官が、捜査機関である警察の一員として捜査に協力しようとすることも、捜査と留置の分離を定めただけでは、防ぐことはできない。

捜査を担当する機関と、身体拘束に責任を負う機関とは、明確なかたちで分離されなければならないのである。このことは、国際的な最低基準である。

代用監獄廃止に向けて

　国連の拷問禁止委員会は、2007年5月、代用監獄の廃止を求める最終見解を発表した。また、2008年5月の国連人権理事会作業部会での日本の人権状況の審査でも、代用監獄制度の見直しと取調べに対する規制を求める勧告がイギリスなどから出された。このように、国際社会の代用監獄に対する目は厳しいものである。

　それにもかかわらず、代用監獄は廃止できないとされる理由の一つは、拘置所が足りないということである。代用監獄の廃止のためには、本来の勾留場所である拘置所の増設、拡充が必要なことは言うまでもない。今ある警察の留置場を、拘置所と同様に法務省の所管とすることにより、捜査を担当する機関と、身体拘束に責任を負う機関とを分離することを工夫してもよい。いずれも、人的、物的に費用のかかることではあるが、実現不可能なことではなく、必要なことには国はきちんと予算をとるべきである。

　代用監獄は廃止できないとされるもう一つの大きな理由は、代用監獄が、捜査、とりわけ、身体を拘束しての取調べ、自白獲得のためになくてはならないものだからである。このことは、裏を返せば、身体拘束を減らし、自白偏重の調書裁判を行わなくなることが、代用監獄の漸減、廃止につながるということである。

　裁判員制度により、自白偏重の調書裁判は、変更を余儀なくされることになるだろう。自白調書が証拠として採用されないことが増えれば、代用監獄の「存在意義」も減少することになる。身体拘束を減らすことで、代用監獄への留置そのものを減らし、拘置所に収容される人数を相対的に増やしていくこともできる。

　代用監獄廃止は一朝一夕で行えるものではないが、わが国の刑事司法制度が大きく変わろうとしている状況のもとで、廃止への展望が開けてきていると言える。

（あおき・かずこ）

取調べの問題と可視化に向けた提言

えん罪防止のために取り組むべき課題

秋田真志
弁護士、日弁連取調べの可視化実現本部事務局長

▎「彼ら」こそが見るべき映画だ

　「彼ら」は、この映画『つくられる自白―志布志の悲劇―』を目にしたであろうか。「彼ら」とは、志布志事件の捜査にあたった警察官、そして検察官たちである。

　この映画には、「彼ら」自身には見えない、「彼ら」の真の姿が描かれている。

罵声を浴びせる姿。
一定の姿勢を取るよう命ずる姿。
人の足首を掴み、踏み字に押しつける姿。
夫と妻の仲を引き裂こうとしてまで、自白獲得に躍起になる姿。
そして、自白をでっち上げ、押しつける姿。

しかも、「彼ら」の相手は、何の罪もない無実の人たちなのである。「彼ら」に追い詰められた人たちは、絶望と悔し涙にくれ、川に身を投じた。
自白強要にこだわり続け、無実の人を絶望の淵、さらには死の淵にまで追いやった「彼ら」の姿はあまりに醜い。

「彼ら」の開き直り

しかし、「彼ら」にはその姿の醜さがまったく見えていない。例えば、「彼ら」は、自らの取調べについて、以下のような説明をする。
すなわち、「取調べは真実の発見を目標として行われる者であり、取調べに当たっては被疑者の自発的な供述を待つだけでなく、真実を語らせるため、供述の矛盾や不合理な点を指摘し、説得、追及、あるいは理詰めの質問を行うなどして、納得のいく説明を求めることは当然である」などとした上で、「机の上に両手を載せる姿勢をとらせた状態で取調べを行ったことについては、必ずしも取調べ官が同一姿勢を取ることを強制したとまでは言えず、『手遊びがやめられないんであれば手を机の上に置きなさい』と注意したものと認められるところであるが、取調べに当たっては、供述の任意性、信用性に疑念を生じさせることのないように、より一層留意する必要がある」というのである（警察庁「富山事件及び志布志事件における警察捜査の問題点等について」12頁、2008年1月）。
これほど呆れる弁明も珍しいであろう。今なお「彼ら」は現実を直視せず、「強制したとまでは言えず」「注意した」にすぎないなどと開き直っているのである。「より一層留意する」などとするが（この表現は、警察庁

の上記報告書に繰り返し使われている）、このような表現をすることが許されるのは、これまで「留意」してきた者のみである。少なくとも、「彼ら」にはその資格はない。

　このような表現から明らかなとおり、「彼ら」は、真の反省などしていない。本来であれば、「彼ら」がもっとも重視しなければならないのは、無実の人たちがウソの自白をしたということの重みである。「彼ら」は繰り返し、証拠の検討や裏付けが不十分であったことは指摘するが、なぜ、何人もの無実の人たちが、してもいない犯罪について、「詳細すぎてかえって不自然」（無罪判決）なまでのウソを言わされることになったのかという根本問題について、何らの分析も反省もない。どうして、入水自殺を図るまでに精神的に追い詰められたのかについて、何一つ理解しようとせず、学ぼうともしていないのである。

　また、無実の人を追い詰め、ウソの自白を引き出した取調官の心情についても、まったく分析はない。ウソの自白が生み出されたのは、言うまでもなく、取調官によって自白が強要されたからである。そのような自白強要に固執し、現に自白強要が許された取調官の心理はどこにも触れられていない。「彼ら」の反省は、まさに他人事なのである。それどころか、「追及」により、「納得のいく説明を求めることは当然である」と開き直っているのがその実態である。これでは、自白強要の再発防止（警察庁・前掲書12頁）は、およそ覚束ないであろう。

▍可視化のない密室こそが元凶である

　それでは、なぜ「彼ら」は、「納得いく」まで自白強要ができ、無実の人たちが「ウソの自白」に追いやられたのだろうか。答えは明白である。そこに「密室」があったからである。可視化のない「密室」がある以上、取調官は、自白獲得を目指し続ける。ある意味では、職務熱心な取調官ほど、「密室」を活用し、必死になって自白獲得を目指すであろう。他方、このような「熱心な」取調官とともに、密室に置かれた者は、たやすく絶望に

陥る。それが善良な市民であればあるほど、絶望も大きく、ウソの自白の危険性は高いとすら言えるのである。そして、絶望からいったん自白に至れば、後は簡単である。自白を「つくれば」よいだけである。そこに可視化のない密室がある以上、ウソの自白、そしてえん罪は、防ぎようがないのである。

取調べの可視化（取調べ全過程の録画）こそが不可欠である

　仮に、取調べの可視化（取調べ全過程の録画）がなされていればどうだったであろうか。答えは明白であろう。「彼ら」に自白強要はできなかったであろう。踏み字などできるはずもない。作文によるでっち上げも不可能である。

　もし、それでもなお自白強要をしていればどうなっただろうか。「彼ら」に録画を見せればよいのである。「彼ら」は、普段は目にすることのない、自らの「醜さ」に愕然とするであろう。

　「彼ら」は、取調室に「覗き窓」を設け、巡回することによって「殊更不安を覚えさせ、又は困惑させるような言動」などの「監督対象行為」を見張るという（警察庁「警察捜査における取調べ適正化指針」2008年1月）。弥縫策というほかない。見張りは、巡回するまでもなく、録画機器にさせればよいのである。録画機器は、何一つ文句をいうこともなく、黙々と、そして忠実に取調べを監視し続けてくれることに疑いはない。

　「彼ら」が、この映画に現れた自らの醜さを直視する勇気を持ち、真に反省したときこそ、真に取調べの適正化への道が開かれるであろう。その反省を活かすには、取調べの可視化しかないのである。

　その意味で、「彼ら」こそが、この映画の真の名宛人である。

（あきた・まさし）

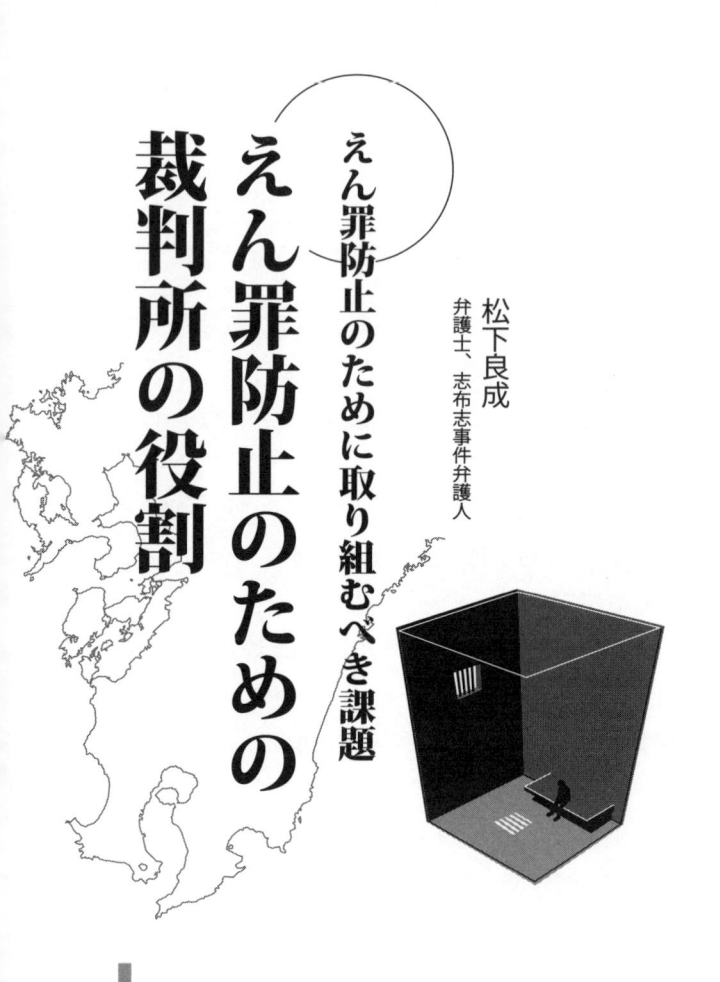

えん罪防止のための裁判所の役割

えん罪防止のために取り組むべき課題

松下良成
弁護士、志布志事件弁護人

自白偏重主義との決別

　1　一般的に、「自白は証拠の女王」と言われている。その根本には、犯人でない者が自白するはずがないという発想がある。刑事裁判においては、立証責任を検察官が負い、被告人には無罪の推定が働く。しかし、現実の刑事裁判においては、特に被告人が捜査段階で自白している場合、無罪の推定は働いていないのではないかと疑いたくなる。自白しているのだ

から、真犯人であろうと推定されているかのごとき感がある。

2　しかし、志布志事件は、犯人でない者も自白（もちろん虚偽の内容の自白ということ）することがあるのだ、ということをあらためて教えてくれた。裁判所は、常にこの教訓を念頭に置く必要があると思う。常に、というのは、令状の発付、公判廷における審理、判決の作成など、刑事手続のありとあらゆる場面においてという意味である。したがって、裁判所は、自白しているからといって安易に令状を発付してはならないし、逆に自白していないからといって安易に勾留延長をしたり、保釈申請を却下してはならないのである。さらに、自白の任意性、信用性の判断を厳格に行わなければならない。志布志事件を契機に、裁判所は高らかに自白偏重主義との決別を宣言すべきであろう。

3　裁判所が自白偏重主義と決別すると、捜査ないし捜査機関にも大きな変化が生ずると思われる。

　捜査機関は、被疑者を有罪とするための証拠を収集する。本来、有罪とする証拠がない、または、これが不十分である場合、起訴はできない。しかし、これもまた、志布志事件の教訓であるが、捜査機関は、本当は被疑者とされた人がたとえ無実であっても、強い予断と偏見により被疑者を真犯人であると決めつけたり、あるいは取調べをするうちに目の前の被疑者は真犯人であるという妄想を持つことがある。

　裁判所が自白を偏重するということは、わかりやすく言うと、自白があれば有罪判決を得やすいということである。だから、捜査機関は、何が何でも自白させようとやっきになるのである。被疑者とされた人がたとえ無実であっても、上記のような決めつけや妄想をもった捜査機関は、これらの無実の人に対しても自白を迫ることになる。無実の人は何もやっていないのだから、自白のしようがない。当然のことである。しかし、それでも捜査機関は、自白しないのはウソをついているからだとして、ますます自白獲得のために、やっきになり、ついには、違法・不当な取調べが行われるのである。これは、まさに、志布志事件における取調べで行われたこと

である。21世紀の我が国で、信じられないことが起きたのである。

　裁判所が自白を偏重しなければどうであろうか。捜査機関は、まず、自白以外の物証や目撃者などの第三者の供述を積極的に収集するようになるであろう。また、科学捜査に力を尽くすようになるであろう。私の言う自白偏重主義との決別とは、自白の任意性や信用性をより厳格に行うということも含んでいるので、捜査機関は、憲法・刑事訴訟法を遵守し、人権に配慮した取調べを行うようになるであろう。そして、捜査機関は「自白」という呪縛から少なくとも一定限度、解放されるのであるから、被疑者が否認をしている場合でも、その否認供述や弁解が真実なのかどうかを冷静に吟味するゆとりができるはずである。仮に、被疑者が自白をしている場合であってもその自白が任意になされたものか、あるいは、信用できるものかということを第三者的立場で予断を交えずに吟味することが可能となると考える。

　自白偏重主義との決別は、えん罪防止の要であり、違法、不当な取調べを抑止することに直結すると考えられる。

人質司法の打破

　1　自白偏重主義の弊害として人質司法ということが言われる。被疑者、被告人を長期間にわたり、しかも、代用監獄に勾留して24時間にわたり、捜査機関の監視・支配下に置き、肉体的・精神的に追い詰めて、自白させ、否認に転ずることなく自白を維持させる、これが人質司法の本質である。人質司法は、長期間にわたる勾留という時間的な面と世界に類を見ない悪名高き代用監獄に勾留するという場所的な面の双方から検討しなければならない。本稿においては、主として時間的な面から検討をする。

　2　志布志事件においては、信じられないほどの長期間の勾留がなされた。元被告人（私は被害者と呼んでいる）の方々が受けた人権侵害は甚大であり、その苦しみは筆舌に尽くしがたい。

　例えば、選挙買収金を供与したとされる中山信一氏は、2003年6月4

日に逮捕され、保釈が認められて身体拘束から解放されたのは、2004年7月2日のことである。なんと395日もの間身体を拘束されたのである。私たち弁護人は、この間9回保釈請求をした。うち4回目から8回目の保釈請求については、鹿児島地方裁判所は保釈を許可したが、検察官が抗告し、福岡高等裁判所宮崎支部が保釈許可を取り消し、保釈を却下したという経緯がある。

　中山氏がこのような長期の身体拘束を受けたのは、中山氏が自白しなかったことと深く関係している。裁判所が保釈を認めなかった理由は、中山氏は他の被告人や関係者らに働き掛けて口裏を合わせて罪証を隠滅する疑いがあるというものであった。自白していない者は反省しておらず悪いことをするはずだという驚くべき偏見がある。さらには、根っこの部分に、中山氏は選挙買収をした犯人であるとの予断があると言わざるを得ない。

　3　裁判所には、もっと豊かな人権感覚をもって欲しい、もっと人の苦しみを知って欲しいと思う。権力を握る者は常に謙虚であるべきだ。権力が誤って行使されると、とり返しのつかない人権侵害が生ずるということを肝に銘じるべきである。自白を得るために、身体を拘束するという発想そのものを捨てるべきである。

　人質司法を即刻やめるべきである。本来、捜査機関の暴走を司法的に抑制することが裁判所の重要な職責である。裁判所は、長期間にわたって代用監獄に被疑者、被告人を勾留しようとする捜査機関に対し、はっきりとNOと言うべきである。つまり、裁判所はもっと、厳格な判断に基づいて逮捕状、勾留状を発すべきであるし、安易な勾留延長をすべきではないし、自白していない被告人に対しては保釈を許可しないという基本的な姿勢を改めるべきである。

　裁判所が、令状実務、保釈実務を改めることなしに、人質司法の打破はありえないと言ってよいであろう。裁判所に対して、上記の観点から刑事司法を建て直してもらいたいと思う。

（まつした・よしなり）

日本弁護士連合会
〒100-0013
東京都千代田区霞が関1-1-3
電話 03-3580-9841（代表）

GENJINブックレット55
えん罪志布志事件
つくられる自白
日本弁護士連合会 編

2008年10月15日　第1版第1刷発行

編　者	日本弁護士連合会
発行人	成澤壽信
編集人	桑山亜也
発行所	株式会社 現代人文社
	〒160-0004
	東京都新宿区四谷2-10 八ッ橋ビル7階
	Tel 03-5379-0307(代)　Fax 03-5379-5388
	E-mail henshu@genjin.jp(編集)　hanbai@genjin.jp(販売)
	Web http://www.genjin.jp
	郵便振替口座 00130-3-52366
発売所	株式会社 大学図書
印刷所	株式会社 シナノ
ブックデザイン	Malpu Design (河村 誠)
写真提供	©株式会社 青銅プロダクション／表紙・4～6ページ
	©毛利甚八／表紙・7、45ページ・目次・奥付

検印省略　Printed in JAPAN
ISBN978-4-87798-391-8 C0036
©2008　NIHONBENGOSHIRENGOUKAI

本書の一部あるいは全部を無断で複写・転載・転訳載などをすること、または磁気媒体等に入力することは、法律で認められた場合を除き、著作者および出版者の権利の侵害となりますので、これらの行為をする場合には、あらかじめ小社または編集者宛に承諾を求めてください。